西藏度亡經

The Tibetan Book Of The Dead

by

Walter Yeeling Evans-Wentz

中有聞教得度密法

原著——蓮華生大士

編著——伊文思溫慈

中譯——趙洪鑄

中有聞教得度密法序

丁宜中

滄海橫流，人欲日肆。生存競爭之禍，日演日烈。遂致大地瀾翻，人類戰殺相尋，舉世迄無寧日，非以佛法了脫生死之旨，覺其迷夢，拔諸深淵，恐沉淪之苦，靡所底止，詎不悲哉？近世佛教諸大師暨各地精研佛學之名宿，宏揚大義，度世覺人之書，流行甚夥。顧多側重淨土一門，其於密教要典，譯著尚少。以淨土仗他力，密教則全仗自力。仗他力者基根易獲汲引；仗自力者非一己併心密詣，精進修持，斷難超悟。後世人根陋劣，近今尤甚，宜以淨土動其欣羨，堅其嚮往。此固大德因時施教之婆心，念佛度生之捷徑。惟佛法之大，佛力之猛，尤在密宗。無論鈍根利根，果能虔秉指授，密證十住，以不可思議之力，便得即身成佛，有非可以臆想測度者。而中土人士，罕見精修。蓋以密典流傳，乏人迻譯。遂令此宗獨勝於異地耳。山陰趙君洪鑄，殫精佛學，造詣至深。頃出示所譯美人伊文思溫慈博士原譯《中有聞教得度密法》一書，凡一巨冊，囑余為序。余於佛書向少參究。密宗真義，尤為茫然。於君如是之寶貴之譯著，其何能贊一辭？惟深佩君發願之宏，用力之勤，竭數年之參稽博證，以成是書。使吾土學人，獲聞奧旨。流佈既廣，修證益眾，由了悟而成解脫，由一方而普全球，貫徹生死之故，咸登菩提之境，佛理昌明，人欲消滅。戰禍之息，庶乎有望，則君之此譯，豈非無上稀有之功德也哉？

中華民國三十四年三月貴陽丁宜中謹序

中有聞教得度密法序

黎錦熙

美人伊文思溫慈氏，據其師哲孟雄人喀齊達瓦桑杜喇嘛英譯之佛教密宗「喪儀」而著此書。其藏文原本蓋傳自初唐，尚在蓮華生來藏弘法以前。（棄宗隆贊王延蓮華生上師自尼泊爾入藏達三葉。事在西曆七四七年。即唐玄宗天寶六年，而太宗以文成公主嫁吐蕃，事在六四一年，即貞觀十五年。時為宗隆贊波王，實為佛教入藏，代黑教為其國教之始。）故非譯自梵筴，而為七、八世紀間藏中自撰「偽經」之一。偽經者，非貶詞。如華稱偽古文尚書，考證家不認其為本經而其義理與文辭實超越本經。且亦本諸長時期之口傳而非臆造者也。此本旋佚失。藏中傳為一「寶物發掘者」所發見，亦不審其年代。迄今全藏遍用為喪儀，一致信奉。則其書之關係於我西陲之宗教民俗者亦已鉅矣。伊氏據此西藏現行之古禮經，而發揮其微言大義，所謂密宗之大乘教理也。且推闡以近代哲學科學之學理，並為初涉佛學者淺釋其應知之諸名相與修習之方法。此皆在其篇首原敘凡十四節及篇末附錄凡七節中。雖前後行文略嫌繁複，要為伊氏研究心得及引導讀者之表示，可屬之佛教論藏，而富有現代色彩者也。（計全書正文凡二百四十一面，篇首引論即原敘即佔八十二面。篇末附錄復佔三十一面，幾及全書之半。）伊氏於經文復加詳注，類多解釋密宗教典中恆致爭辯之諸問題。雖自謂「不敢妄企，普遍接受」，然專家研究，固極資之，是亦佛教論藏中之經疏也。伊氏斯著，出版於一九二七年（民國十六年），其內容大概如是。

山陰趙洪鑄先生，以自力通習英文。二十餘年前即曾主譯事，十餘年前受灌頂法於藏僧。今治鹺於蘭州，發願漢譯此書，三年而成，旨在度世。適當世界大戰，盟邦摧毀納粹，移師東指。我國亦將驅敵出境之際。吾人讀此，當知現代戰爭之慘酷與擴大，正如經中所描寫之曼陀羅逐日現前，愈出愈獰怪，實皆人類之混合識體，與若干情慾或動力相連繫。命盡之後，依宿業而集體活動，乃表證於一神祕舞台，導演者即其自身之業力耳。宗教本超世之學，故象徵其理於死後。而業力則決定於生前。善讀者不妨泯其超世與入世之殊，展一己之業力為社會人類之共業。觀察現世，控制方來。可知世界之永久和平，自存於人類識體中較聖善之成分。其燦爛明光之相，不斷現前，特恐漸趨黯淡，卒成幻景。於是安樂部尊逝矣，而忿怒部尊來矣。顛倒流轉，永陷輪迴。幽顯雖殊，理無二致。此書度世之旨，求之當不在遠耳，此書前有長沙張伯烈氏譯本，名《中陰救度密法》，余未見之。趙君斯譯，獨能運用四字成組之晉唐偈體，以重譯經文。此非諷習釋典，寢饋功深，而又精於英語者，不能為也。於伊氏之引論及附錄，則譯以平易之散文。經文之注釋，則以過繁未譯。當待專家研究「藏密」文獻者繼續成之。

趙君譯稿既成，徵序於余。余之不彈此調者已二十餘年，但覺密宗「法身」之說，極得道要，其重儀軌，崇祕密，嚴修持，而不滯於小乘者，即其根本原理為「法身」遍一切處。所謂「道無乎不在」，乃能即凡成聖，具不可思議之力用。故伊氏盛讚此經「似含示一種無數宗教研究者迄未發見之無上真理」也。伊氏廣微希臘哲學、生物學、人類學，更旁及語文學與古埃及、猶太、印度諸教，以至原始耶教，將以證成密理。余讀趙君譯稿，偶參原本，摘其要義，兩、三月來，亦思有所發抒。究以斯業久荒，一切名相不能湊泊，且序文過於曼衍，紙值印工，便受影響。戰時以節約為貴，更端廣說，且俟將來，謹為提要，聊當宣揚云爾。

民國三十四年六月。黎錦熙序於蘭州十里店

中有聞教得度密法序

趙洪鑄

余少時，不甚信佛法。民十在舊都，兼《太平洋日報》譯事，得識江右包壽飲君。包君，佛弟子也。其尊人包老居士，為余說五戒與因果之理。心然其說，而不信如故。然信根亦未始不基於是。民十四服務湘鹺。白普仁尊者，適宏密法於長沙。蜀友王瑞駼君遠來求學法，客余家，以《大乘起信論》出示。讀之始悟妙旨，信心油然而生。遂研習心相兩宗經論，冀盡其理。惜無慧根，僅得枝末而已。民二十二，藏德多傑覺後尊者，自蜀返藏，道出滬江，為余灌頂。心慕密法之玄妙，而隔於語言，未荷深傳。民二十六，游漢皋，偶得長沙蓮菩提金剛正張伯烈君所譯《西藏瑜珈密法》一冊。書固密教要傳。美國伊文思溫慈（W. Y. Evans-Wentz）博士，學法藏邊時，助其上師譯成英文。其先博士曾與上師合譯《中有聞教得度密法》一書，編纂印行。因並購讀之，乃知凡聖之別，端在迷悟。迷則沉淪輪迴，長劫不出；悟則逕趨涅槃，立證法身。無如人類迷妄為真，背覺合塵，生前如是，死入中有，亦復如是，不亦大可悲乎？後書意旨，尤在使人人於彌留之際，頓悟自性，了脫生死，誠為稀世之珍。抗戰後，就食皋蘭，公餘之暇，試取譯之。則佛菩薩名，梵藏雜出，大半無漢名可舉。是以時作時輟，荏苒三年，譯成者僅十之二三。本年，多方考徵，得其近似。爰於秋後，晝夜奮力。始於國父誕日竣事，將以集資付梓，散佈人間，盡祛世人之迷，同證佛果，則余之願也。

民國三十三年十一月十三日山陰趙洪鑄編於皋蘭西北鹽務管理局

譯例

一、本書英譯本，尚有英人吳約翰爵士前言一篇。除略述印度教之瑜珈學，以與本書比論，並盛讚編者伊博士之譯事外，無甚重要發明，故缺而未譯。再版時當為補入。

二、本書原附有圖像若干幀，並有說明數頁，以後方翻印不易，亦附缺如。

三、書中佛菩薩名極夥，梵藏文雜出其間。編者原敘及附錄，尤多佛學術語，梵文經名，雖有英文註釋，可據以推測，仍不敢自信，經旁搜博採，多方考徵，得證實者，僅十之八九。餘以己意出之，得其近似而已。至原敘及附錄內之經名地名，其無法考證者，仍用原文，留待再版時補譯之。

四、附錄第五節實相論所引之馬鳴菩薩《大乘起信論》若干節，係取梁代真諦三藏譯本對照錄入，免致歧異。

五、原敘及附錄內節譯四《阿含》各品，《佛所行讚經》及《無問自說經》，譯時無漢本比照，遂以己意譯之。再版時當修正之。

六、本書正文部分，全以四言譯成。蓋便於念誦也。

七、本書正文，翻譯及半。忽發見長沙蓮菩提張伯烈君同書譯本。譯時常參考及之。張君譯本既先余而成，自亦願其先余而得度焉。

八、余少時失學，壯後雖自習甚勤。然國學固無根底，下筆輒苦枯窘。譯時常問字於同事李君煜春。書既成，特表而出之。

九、原敘及附錄各節內，近代各科學說，觸處皆是。亦深得同事初緻君解釋之助。書此以誌感意。

第一卷 命盡中有與實相中有 93

第一章　命終之時變化狀態　99

第二章　實相中有，業力幻相　111

第二卷 投生中有 165

第一章 亡後境界 167

中有聞教得度密法編者原敘

伊文思溫慈

一、中有聞教得度密法之重要

中有聞教得度密法藏名「Bardo Thödol」。其於人之死亡、亡後經歷以及投胎重生之學說之貢獻，在世界聖典中之地位，實無可比擬，而其闡述大乘佛教正義，言簡意明。在宗教上、哲學上、史乘上，亦屬十分重要。印度那爛度佛教大學基本課程中，有「瑜珈哲學密理」一門。斯書所述，悉基於是。蓋西方人士接受東方哲理著作中最堪注意之書也。書中密示冥途幻相，種種境界，無異指南之針。與埃及《死亡書》間多吻合。英譯告成。讀之當知書中教法，雖自西藏雪嶺佛地先賢先覺接續相傳而來，而二書在教化上之主要關聯，確有足資發明之處也。

二、佛教之象徵

業入轉胎之說，世人已公認為生命自然之律。本書對於人類如何流轉生死，依理說明，誠為空前之作。惟間多於理出入之處，或因密教要義，純以隱語相傳之故也。華台爾博士（Dr. L. A. Waddell）對此問題，曾詳切研討。故其《西藏密教》（*The Buddhism of Tibet or Lämaism*, London, 1895）一書中，有「佛法奧義，惟喇嘛有啟鑰之匙。非西歐人士所得領悟」之語。即教理深湛之藏師，亦以為世間教義之傳授，自始以來，即用象徵隱語，惟入門弟子始得通其玄奧。印度、西藏、中國、日本僧侶間，現仍保持緘默，不輕傳授。本書譯人喀齊達瓦桑杜喇嘛之論調亦復如是。

依照東方密理學者之主張，古時埃及、墨西哥之象形文字，實為一種隱祕文字之通俗流行。柏拉圖曁其他哲學家，關於畢薩戈拉氏（Pathagoras，畢達哥拉斯）及沃弗斯氏（Orphic，奧菲斯）神祕學說之著作，間曾援用象徵隱語。英、法兩國，賽爾特族人（Celtic）所居地帶內，掘魯伊特教（Druids）之傳授，亦以象徵隱語為之。佛陀、耶穌及他教教主，說法時之常用寓言，尤足證明同一意味。且自《伊索寓言》一書及中古歐洲宗教奇蹟戲劇出生，無數古時東方象徵傳遍西歐，在近代西方文學中尚可窺見。以上論斷是否可恃，姑不具論。惟古代哲理學派，或含有地方特性之文學，其超世之旨與夫道德格言之真義，決非世間普通文字所能說明，則可斷言也。

天主教舉行彌撒時，設置種種聖物。例如祭台上所懸聖羊、魔（蛇）、鴿三像，代表三位一體之三角圖，三角中所繪一目，以示無所不見。（英美互助會社〔Freemasonry，共濟會〕亦以之為普通標識。）此外，復有聖魚圖像，盛置聖體器皿之上，並繪有旭日上昇之形，以明聖靈之永存。餘如禮拜寺之東方色彩，建築物之形式，十字之架，主教、司鐸、僧侶袍服之色樣，莫非異教象徵重現於近代耶教教堂內之證明，不言可喻。惟如是一切耶教化之象徵，其內在意義，啟謎之匙，幾全失去，而不自覺耳。未入門之神學人士，輒以研討異教為事，以原始耶教深涉偶像教之象徵，遂目之為東方幻相之狂，斥為異端。然就耶教自身而論，種種象徵，僅為不可言說之祕密而已。

北方佛教既重象徵，而大部分佛法之傳授，自佛陀以來，代代相承，又均出之上師之口述。故南方佛教徒，亦加非難，以為北方佛教徒，不應以保持密法自承，又其所解經義（例如《法華經》）亦不應與巴利文經藏有所出入。且佛陀教義，除文字解釋外，不應再有其他解釋，其實巴利文經典，富於寓言隱喻。間有為密教徒視為密傳之象徵及證明者，亦即彼等所炫為啟鑰之匙，良非無故也。

按諸密教徒之論調，所謂三藏者，誠如南方佛教徒所云，純為古德（上座部）之記聞結集。然未必能盡記所聞。蓋世尊之瑜珈教義，顯係漏而未記載。而自始至今，例須密傳者，即此種教義也。以此今已稱為奧義佛教。如是名稱，恰當與否，姑不具論，而此種奧義，自上師傳諸徒侶，按照不許違反之成規，似僅恃口授而已。

再考巴利經文，佛陀說法，毫未祕而不宣（參考長阿含之《大般涅槃經》）。換言之，於僧侶需要教義，佛陀未嘗吝而不與。近代密教上師，傳授徒侶，亦復如是。凡屬心靈啟迪所需，決不自祕也。然此非謂如是種種教義，盡須筆之冊籍，普示非教人士塵世之眾，或曾一一記載任何經典。其實佛陀說法，並無手錄。滅度後，門下各記所聞，結集成經。是則佛陀教義，恐亦未盡行載入無遺耳。設有遺漏，再如密教徒所辯，尚有某種口述教義，永未傳與非僧伽人士。則經外或祕密教義之存在，毫無疑義。惟如是密義佛教，毫不能視為與正統或顯義佛教所有出入。譬之數學，雖有高級初級之分，而二者之相互關係，固不能分也。或可以整個佛教，方之埃及金字之塔，密教其頂點耳。

總之，正統佛教，確尚待一部分未經記載之口述經義，補充完足。密教徒之主張如是，本書似又暗示及此。上來所引，亦須足證實其說也。

三、中有四十九日之密義

就本書結構而論，係以四十九數之象徵為根據。四十九數者，聖數（七數）之七倍也。按密教理義，生死海中，有七世界，或七幻形體，成為一行星系之七星球。每一星球上，生活演變分成七階段。七星球上共有四十九階段。北方佛教及上乘印度教，普傳此說。即下乘印度教之改進者，暨祕密智慧之解釋者喬答摩佛陀，亦未嘗否認之。人類在胚胎狀態中，胎兒自阿米巴蟲變成人形，既須經歷種種有機變化。則人死亡之後，心靈亦入胚胎狀態中。在識體尚未重附物質之先，其心靈演化之經歷，亦正相同。換言之，在物質及心靈有相互倚托之胚胎過程中，兩者演變完成之經過，恰符四十九階段之數。

中有四十九日之數，亦可謂為語言中七母音之四十九種神祕威力之象徵。印度神話以此七母音代表七種靈熱（人體內之熱流）與其四十九支流之祕奧。此中有象徵之所由來也。北方佛教密義所述，永存不絕之靈蛇。（詳見附錄第二節密教修持法述要。）蛇有七首，額上各有「卍」字標記，即為七母音之表徵。此說亦源於古印度教。再考埃及著作，此七母音代表亡後或中有所經歷之七種境界。每一境界為識體在中有期內，突呈七種情素之象徵。如是七境界內，識體共現四十九種變態。

七之一數，在阿利亞（Aryan，雅利安）及其他民族，久已視為神聖之數，耶教經典《約翰默示錄》曾明此義。又如第七日為安息日之觀念，亦其明證。又以七數為支配生命期間及現象之根據。例如化學原質，及物理學聲光之數，咸為七數。綜上觀之，中有四十九日，七七之數，於科學上確有根據也。

四、五大（原質）之密義

本書以象徵所闡明之五大密義，其大部分與若干西方科學原理有顯著之符合。觀乎本節下文，根據譯人喀齊達瓦桑杜喇嘛之解釋，可以知矣。

我人所居星球，初週演變，僅有火大。按照支配生死海或宇宙之因果律，此瀰漫之火霧，轉動如輪，變為火球。一切原始力量，潛伏其中，不可分別。蓋其他四大，尚在胎孕之中也。最初生命，週體是火。假定此時人類已有具體，亦僅如中古神祕學所傳，火中生活之生物，為一火燄之體而已。第二週內，火大已具定形，風大離火而生，星球為風大包圍，狀如蛋之外殼。人類及一切有機生物，至是變成火風混合體質。第三週內，星球既處風大之中，內燃之火為風所戢，空中蒸氣頓生，是為水大。星球在四週之內，火大動力，已為風大水大所平衡，地大乃生，與火大混合，凝成塵土。古代印度神話所謂，世界之成，恰如調乳成酪，殆與火霧之演變成塵同一意義。世界既成，乃有神人，生活其上。蓋神人貪愛色相，降生斯土，遂為人類之始。

亡者入於中有，最初四日內，上述四大，各呈本質，照臨亡者，而以成所作智（kṛtyānusthānajñāna）綠色之光為象徵之第五大（空大）本質，則未顯現。

蓋依本書所述，成所作智（或即菩提心力）在亡者識體內，尚未完全發越也。

空大，一如以火霧為象徵之色蘊，為大日如來（Vairochana）所幻化。大日如來者，普照萬物之尊也。如以西方心理術語解釋密義，空大在心靈上之特徵，可謂為潛伏之識（subconsciousness）（等於唯識論中之藏識），高於人類。通常識體，而未發展，將來必定成為第五週人類活躍之識。菩提智力，正賴以增長也。人類在生死海中，流轉不已，一一生中，淨染之業，無不含攝在此潛識之內。人類在第五週內，將如世尊垂示，藉此記憶前生一切境界。彼時人類，不須聞解起信，生時即具宿慧，能如古代希臘玄義所暗示，自知來歷，了悟生死之如幻不實，獲得正覺，解脫輪迴束縛，遠離五大色塵。

此人類演化正常之進程也。然印度及西藏瑜珈各宗之目的，則在超越進化常理而頓時脫去束縛。（密教即身成佛之義。）現世正值四週演變時期，人體具有四大，至生物界，則分為四界。在四大中，各屬一大，如是無量數生物，群集塵世，惟人類巍然獨尊，臣視萬物。人有偉大者，具是瑜珈行者所成就之超世之識。則此無量數，以四大分別為體之生物，各現本質，咸到臣服。聽命於支配色塵之王節（密教上師所用之金剛杵〔Dorje〕，其象徵也）。其人即能主宰萬物，為造物之主。

五、正智教義

與象徵文字有關者，尚有本書譯人所謂之正智教義，亦即本書基本教義。蓋主要大乘教理也。茲述概略如次。

真空——藏密各宗咸以證入真空（Sūnyatā，空性）為惟一目的。證入後，即獲超世圓覺菩提（智也），無緣法身，入原始無生狀態，圓滿佛道，上座部亦以此為指歸（巴利文為「Suññata」）。

三身——一切佛菩薩各具三身（Trikaya），以法身（Dharmakaya）為至高無上，餘二則報身（Sambhogakaya）與應身（Nirmanakaya）也。

法身之相，非世俗言詞所可詮釋。茲以大海喻之。大海平靜，水波不興，法身之相也。波濤洶湧，蔚成雲霧虹霓奇觀，報身之相也。密雲化霧成雨，應身之相也。

法身為原始無相菩提，遠離一切虛妄，即內在及外在迷惑之真實狀態。含具山河大地（宇宙也）種子，即生死涅槃，亦植根在內。生死涅槃雖屬識體異相，而至淨智境界，則生死涅槃，理無二致也。

易言之，法身者，不可變易之本體智相（Bodhi）；報身如五禪定佛身，乃法身映成之莊嚴智相；應身則為轉生塵世諸佛肉體而具正智也。

又法身無生無相，無有變易。報身自法身出生，為不變易之變易，萬行莊嚴，集於一體之表現，為法身所具智、慈、悲之混合體相。譬之淨天之雲，或如雲層之霓。法身凝化，差別諸相，謂之應身。謂降生有情界，與沉迷輪迴、顛倒色塵人類同處之諸菩薩也。菩薩證得正覺，具足正知，轉生人世或其他世界，盡度眾生登彼岸，蓋應身佛也。

密宗以原始佛（Abibuddha，本初佛）普賢（Samantabhadra）為法身佛，此尊無有終始，為一切法之根本。密教尊為全慈之父。在此至高無上之佛界中，闡示金剛乘、真言乘密意之教主，金剛持（Vajra-Dhāra），及為永生之源之阿彌陀如來（亦名無量光佛），亦同屬法身之佛。其在中有幻境顯現之五禪定佛蓮花部裸形諸尊（即持明部尊），以及安樂忿怒部尊，均為報身體相。至應身佛，則推蓮華生大師（Padmasambhava），即最初入藏，宣示中有教法，並為一切虔誠信奉中有教法者之上師也。

一般未經領受上乘密法之人，輒多誤會，以為北方佛教認定原始佛（本初佛）為無上之尊。其實依照本書譯人之說，原始佛及法身境界諸佛菩薩，均不能視為實有具體，但為原始及宇宙之動力與定力或心靈之感應而已。一切世界、一切有情原有佛性，賴之保持。（有如日球維持地球之生命者然。）即人類所受輪迴之束縛，亦藉以解脫。

本書譯人喀齊達瓦桑杜喇嘛之言曰：「現前目擊之無限宇宙幻相中，無論何相顯現，何聲傳播，何光照耀，何識覺察，無非幻自三身。即原始一體化三，萬因之因也。惟有遍一切處之心靈原質所謂真心者，可以了知一切。真心者，無生無我，法爾自有，無有體質，永存不滅者也。」

是以三身為上乘北方佛教「一體化三」密意之象徵。而在南方顯教，則為三寶，佛法僧也。此一體三身之旨，顯密兩宗，解釋雖異，理仍一貫，惟欲周詳了悟此三身密義，惟皈依密法者獨具機會，以非入門（灌頂也）不能領會此義也。

再按譯人之說，三身之義，自佛陀滅度，即由印藏密教傳統者輾轉相授，從未中斷。蓋佛陀於重複發見此義後，即以得自過去諸佛者轉授後世，遂開密語相傳之例。迨至近代，佛教衰落，當世上師之能遵古法傳授者，又復寥若晨星。於是始有密教之著作，至西方學者，於教義之未經前賢垂示者，往往指為無稽。譯人以密宗傳缽人之立場，對於此種論調，一笑置之。又耶教人士之護教者，引經據典，以明三身之源自耶教，復經譯人斥為完全不能成立。譯人曾一度以同情心縝密研究耶教教義，時其年事方青，一般耶教教士，以其特殊智識，卓越地位，咸欲羅致之，以改變其宗教信仰。而譯人於詳細研討耶教教義後，即毅然拒絕所請。以譯人之意，耶教僅為佛教殘缺不全之變相。當印度阿育王朝，佛教徒傳教中亞細亞、敘利亞、阿利山大（Alexandria，亞歷山卓港）等處，遂有猶太教之密理及寺院生活。以此，耶教教義，必曾深受佛教之影響。在歷史上，如確有耶穌其人，則亦正如密教僧侶所主張之為菩薩轉生，以所具足佛教道德原理宣示人類，即《馬太福音》第五至第七章所述之登山寶訓也。

三身之義，所明密理，為諸佛菩薩轉生、出涅槃、入生死之道。而出生死，入涅槃、上生之途，則惟以五大為象徵之五禪定佛是循。由是途徑，可至法身如如境界，證圓覺，入涅槃，成就佛道。簡言之，遠離情慾，而心靈解放也。

五智（pañca jñānāni）——法身者，空遍一切之相，實無有相。法身所由成之如實之體，即為一真法界，蓋法之種子及功能也。中有第一日所顯現之普照一切，大日如來，莊嚴青光，即係法界之光。法界之象徵為色蘊。一切世界由此出生。此一切世界，以癡昧為特殊相狀。眾生復迷惑幻相（在人道中即末那識〔manas〕之作用），造成束縛。如能脫此束縛，即達涅槃境界。人類如於一生中修證完善，則法爾癡昧以及幻相，能轉成正知聖智。此時識體成為法界之智，陡自空生，遍一切處。

中有第一日，顯現色蘊，物質之體，即由是生成。第二日，識蘊現前，水大變為血液。是為生命之流。此時識體，即為忿怒覆蔽。轉成「正知聖智」後，立成「大圓鏡智」（ādarśa-jñāna）。蓋聖雄心勝者。金剛薩埵（Vajrasattva, Dorje Sempa）（即禪定佛不動如來之報身佛）所化也。

第三日以受蘊為象徵。地大變成人體，或一切物體之主要實質。我見頓起。轉成正知聖智後，立成寶生如來（Ratna-sambhava, Rin-Chen hbyun-ba）之「平等性智」（samatā-jñāna）。

第四日以想蘊為象徵。火大變成人畜之肉團心，愛慾於是乎起。轉成正知聖智後，立成禪定佛無量光如來所化之「妙觀察智」（pratyaveksanā-jñāna），藉此可明一切事物非一非異。

第五日以行蘊為象徵。風大變成人類氣息，嫉妒為相。轉成正知聖智後，立成不空如來（Amoghasiddhi, Don-yod-grub-pa）所化之「成所作智」。凡心靈上一切，成就精進，無有違誤。

心識或能知之智，與中有意身，成自空大。此大，如上文第四節所述，並不顯現於亡者之前。蓋識體原有智力（即超世之菩提識），在人類中尚未發展也。此大與金剛薩埵大圓鏡智菩提識相通。而按諸密理，金剛薩埵與普賢又同其意義。（普賢恆為五禪定佛中主要之尊，即大日如來之象徵。）亦即無上佛尊。原始以來，無生無形，不可變易之法身也。

人類完成菩提金身即成為不可變易之金剛薩埵。凡語與聖語符契，即能演出無量光如來之圓妙法音，染心轉成淨心，立獲大日如來真實之心。如是身口意俱臻美善，即與寶生如來同一佛體，一切善根成就，則可立即與不空成就如來相應。

如是一切神聖特質，人類本自具有。故於其死亡之時，由密教上師，對其一一密述，以覘驗其原有聖質，有無開發。設五禪定佛所化之菩提聖力，均已完全發達，即可謂為解脫生死，成就佛道。即一部分之發達，亦足使亡者應生於天道、人道或阿修羅道。

第五日，中有莊嚴現象，逐漸減色。上界佛光，為六道之光掩蔽。爾時自識幻相，一一現前。有如夢魇所睹鬼怪形狀，亡者如徒耗中有期間，不能領悟，則死後昏睡狀態，即行停止。恢復醒覺，遊行於同樣迷幻境界。終生人道，或生其他各道。如此流轉生死，永不得出。須俟修成正覺，方脫束縛。以臻世尊所示四諦中之滅諦也。

六、西藏喪葬禮儀

本書第一卷第一章所述死亡徵象完成之時，亡者之面部即以白布覆蓋。任何人不得捫撫遺體。時當彌留之際，魂尚附體。須任自離軀殼，毋施驚擾。按諸一般傳說，彌留期間為時約三日有半。或需四日。此時亟應施行遷升神識之道，使魂離體。間有遷識奏效，而亡者仍須俟至三、四日後，方悟其已離塵世者。遷識上師，蒞臨之後，即傍亡者遺體，或坐椅上，或席地而坐。然後囑令亡者親友，悉數離屋。並將門窗緊閉，俾遷識得以穩妥施行，寂靜無擾。遷識之法，以神祕之唱誦，引導亡者之靈——設為業力所許——脫離可厭中有，往生無量光如來之西方極樂世界。上師於指導亡靈脫離軀殼、捨棄親屬財物之後，立即偵察亡者頭頂梵穴，斷定亡魂已否離體。亡者頂髮未禿，則將梵穴覆髮，摘去若干莖，使魂自穴而出，亡者如無遺體，則由上師思維亡者相狀，如相晤對，遙呼其名，施行遷識，約一小時。

同時另僱諳占卜術之喇嘛，按命盡時刻，占定亡者戚屬之中，何者得捫撫遺體，如何處置遺體，方為適當，何時舉行殯儀，應用何種教儀，方於亡者有益。占畢。即將屍身包束，使之趺坐，狀若世界各地古塚中之木乃伊，亦可謂為嬰兒坐胎之狀。所以示出此生，而轉生來世之意。包束完成，荷置室內未經供佛之隅。

訃告後，親友群集舉哀。食宿其家，以俟殯禮之終。如於亡魂完全離體尚有所疑，殯禮往生須遲至亡後三日半或四日以後。藏俗：弔者蒞臨，每為張筵款待。至二日或三日之久。每餐酒餚，均先分享亡靈，陳設遺體之前。俟酒餚減味方行撤去。遺體離屋，赴葬之後，代以遺像，張掛遺體原佔屋隅，繼續祭獻，至中有四十九日期滿為止。

喪葬禮儀進行之際（念誦中有聞教得度密法亦在此時），另有喇嘛，在亡者室內，亡時原地，日夜誦經，超薦亡靈，往生無量光如來之西方樂土。亡者家如富有，則在亡者生前禮拜之佛寺內，由全體寺僧，諷誦同樣經文，以助往生之成就。殯葬之後，誦經喇嘛，每一來復，仍須重臨亡者之家，誦法一次。至中有四十九日屆滿方止。間因縮短經期。第一週減少一天，六天之後，即屆誦經日期。第二週以五日為念誦之日，此後每

亡者肖像、明鏡、海螺、弦琴、瓶花、黏粑。

週逐漸減少日數，終至第七週，以隔日為經期。如此遞減，三週之內，誦法即可告終。

按照本書第一卷第一章所示，中有第一日至十四日二週內，應反覆念誦，實相中有（Chönyid Bardo）。自第十五日以後，繼誦投生中有（Sidpa Bardo）。窮苦之家，十四日後，喪禮期間，即告中止。富家則遲至三週，間有繼續至七週者。緬甸、哲孟雄（Sikkim，錫金）兩國，此俗極為普遍。喪禮之第一日，亡者如屬富有，或負聲望，誦法喇嘛，往往延至百名之多。貧苦者不過一二而已。第十四日以後，則僅延一名，完成誦法。不論貧富，通例如此。

亡者遺像，係以亡者遺服，裹木板或其他適合物體而成。面部所在，黏木刻畫片一幀。藏名「spyang-pu」，漢音「禳故」。

「禳故」內之中心肖像，趺坐合掌，為亡者之象徵。左右五事，象徵五塵：明鏡象徵亡者之體，映影宇宙現象或感覺，同時亦表眼識所觸之色塵；海螺弦琴象徵耳識所對之聲塵；瓶花象徵鼻識所觸之香塵；黏粑（盛於與羅馬教洗禮時所用之相同聖器內）象徵舌識所處之味塵；中心肖像之絲織服裝與上懸之幡蓋象徵服色，並為身識所對之觸塵。祭獻亡靈之酒餚，即陳設於「禳故」之前。誦法之時，誦者亦凝視之，如與亡者晤對。

余於尼羅河山谷間，探討古代殯儀三年。繼即採訪藏俗，獲悉藏中喪葬禮儀，大都為佛陀以前之習俗。於是頓悟，西藏、哲孟雄兩地「禳故」既與埃及喪儀中所用之遺像相似，必係同出一源。再以「禳故」而論，遺像之頭部恰與埃及亡靈肖像中所繪者相同。此頭部間或僅為面目之全部，用以替代木乃伊之面首。同時可助亡靈，附之安居，有如本書所示亡者在中有，覓住肉體之狀。又密教喇嘛誦法於「禳故」之前。古時埃及宗教亦對遺像諷誦《死亡書》。二書蓋均為亡者於死後身歷境地之遊覽指南也。

埃及喪葬教義，首先昇予亡者祕密威力，使亡靈復生，重獲感覺。其法先令張大口目，終至恢復身體其他部分之動作。密教中，喇嘛最初之目的亦在喚醒亡者死後昏沉狀態中之感覺。設亡者如芸芸眾生之不能自覺，不能了脫生死，則使之慣習於死後另一世界之非常環境。

西藏喪葬教儀之關於遺像及「禳故」部分，產生於佛陀以前，遠古時代，留傳至今。華台爾博士對此點亦持相同意見。其所著《西藏密教》云：「此顯係黑教教儀（佛法未入藏之先，黑教盛行，其超世哲學，與中國道教頗相似）。按密教初祖，蓮華生上師傳記所述，此種教儀，黑教士每習為之，曾為上師所厭惡。」

依據華台爾之言「禳故」之下例為亡者懺禱之文，其語如左：

「（某姓某名）與世永離，竭盡虔誠，皈依上師，聽余懺禱。次當皈依安樂忿怒一切部尊，祈求大慈，恕余生前積罪積穢，引導往生另一樂土。」

「禳故」中心肖像，左肩之旁或右肩下載字「六」，以表六道輪迴，天道、阿修羅道、人道、畜生道、餓鬼道、地獄道也。

殯禮終結，「禳故」如儀焚化酥油燈上。並由喇嘛向亡者致最後送別之辭。視燈燄形色而定亡者死後之遭際如何。

「禳故」灰燼掃置碟中，雜以泥土，搓成若干小型之塔。普通作土阜形。阜上留痕象，或為紀念之裝飾，或為經文字句。以塔或阜之一，供置亡者家中祭案上，餘則埋在十字路旁，或山頂上隱蔽之處，常有埋在突出之石層內或土穴中者。

「禳故」焚化之時，遺像之其餘部分，即行拆除。亡者之衣，歸喇嘛所有，售諸所遇最先購者，以售價充作所得酬金之一部分。亡者週年之期，例須祭祀，並僱僧侶念誦藥王功德。自茲之後，亡者遺孀，即獲重嫁自由。

喪禮中，有頗饒興趣及述者。例如遺體抬離屋宇之時，準備忝與之司祝喇嘛，即向遺體，先獻哈達（致敬之巾），次呼亡者名，囑其任意享受所供酒餚。次復誡以已死之人，不應出沒家中，或擾及生存戚屬。終則默祝曰：「上師某某應憶其名，藉師導引，爾令得登白色正道，速隨余行。」祝畢，儀仗出發，喇嘛前導，手持長巾之一端，其另一端則繫於遺體之上。前進之時，喇嘛口誦經咒，助以法鼓、喇叭之聲。如有法侶多人，則前行之首座喇嘛，手搖鈴鐸。（法國不列顛尼（Breton）鄉村殯儀，亦由教士導行。）其餘喇嘛，唱經相和。佐以法樂，一鳴海螺，一擊銅鈸，一搖小鼓，一吹喇叭。首座喇嘛，隨時回顧亡靈，告以正途在前，切宜隨行。遺體之後為送喪之中攜有食品。（半以投擲於火葬所用薪束之上，以餉亡者，半由僧侶及送葬者分食。）最後則殿以舉哀之戚屬。似此以喇嘛導引亡靈之儀式，僅行之於居士及常人之喪葬。至喇嘛自身之亡靈，以生前曾習本書教法，能自循正途，毋須引導也。

藏中所知一切宗教葬式，既均通行，但以缺乏火葬所需之燃料，屍身往往於畀諸土阜山丘上後，創切成塊，以飼肉食之鳥獸。此殆波斯、印度拜火教之流俗也。是以亡者須屬富貴之家，力能置辦薪束，方能行火葬之禮。邊遠縣分，則習於土葬。此外普通藏人，不喜埋屍於土。蓋恐土葬之後，亡靈見屍，終必附之為殃。舉行火葬或其他迅速消滅屍體之葬法，所以防止屍身之作祟也。屍體間亦有仿照印度習俗，投諸江河池沼者，是為水葬。至達賴喇嘛與班禪喇嘛之圓寂，聞人哲士之逝世，則咸以香料保存遺體。其法略如古代埃及保存屍身之法，將屍體盛入箱內，滿貯池鹽，通常約經三月之久，屍體水分盡為池鹽吸乾，然後遍體塗以黏土、檀木、碎屑、香料、藥品等物之混合泥層，使之堅附不落。屍體一切低凹及皺縮各部，如兩目、頤頰、腹部等處，亦存本來情狀。務與其他部分自然配合相稱。如此辦法與埃及之木乃伊極相類似。泥層陰乾後復塗金漆，乃使之端立，一如塑像，陳立佛寺。西藏有專為陳列歷代高僧大德所用之寺院多處，與英國威士敏斯德寺（Westminster Abbey，西敏寺）之禮拜堂同其意義。

班禪喇嘛所居之釋迦子（Shigatze，日喀則）地方，陳列肉身遺像之佛寺，計有五所。寺頂雙層金瓦，光輝燦目，不啻中國之宮殿社廟。寺之大小裝飾，視肉身遺像之職位及財富而異。即遺像亦有鑲金嵌銀之分。遺像之前，常有人焚香祈禱，虔誠頂禮，等於中國、日本之家廟祀典。

北方佛教葬法，計分四式。與印度各教聖典所載，恰相符合。緣人體成自地、水、火、風四大，人死應即遷歸四大，愈速愈妙。四式之中，以火葬最為有利於亡者。土葬（耶教中亦採行之），人體還諸地大。水葬，還諸水大。天葬，還諸風大。（食屍身之鵰鷲，無異風中之居民。）火葬，則還諸火大。藏中天葬舉行，於鵰鷲啄盡皮肉之後，即屍骨亦就地移置山石小孔間，捶成塊屑。然後和粉末搓成粉團，任鳥啄食使盡。考拜火教葬法，屍骨棄於空野，任自腐化。以藏俗相較，則藏中天葬，更形澈底矣。

通常藏葬，遺體不入棺槨，僅以柳桑為架。旁有長竹桿各一，架上鋪布單一席，屍身仰臥布單上。再以潔淨白布覆蓋。兩人肩荷以行。在哲孟雄，則屍體坐架上，作前述嬰兒坐胎之狀。哲孟雄、西藏兩地，舉行喪儀，純依循諳占卜術之喇嘛所示，由其按死亡時刻，占定何人可以捫撫遺體，何人負之出屋，並以何式葬埋。次更推算，是何惡魅，致亡者於死。按諸一般迷信，人無自死之理。宇宙中能取人性命之惡魅，為數無量。人類咸因其作祟而死。（歐洲賽爾特族人，亦持此種觀念。）卜者同時復指示，應用何法禳解，使離亡者之屋。應誦何經，利於亡者，助令安全投生，並能預言，投生何處，何等人家。

哲孟雄火葬儀式，係擇空坦之地。堆以火葬所需之薪束，次以粉末撒地，成密義圓圈，中分數小圓圈，象徵西方樂土。圓圈中心，薪堆所在，歸諸禪定佛無量光如來。葬禮開始，喇嘛注視薪堆，目為無量光如來之曼陀羅。（如來及其隨從菩薩受供養所在。）並思維已燃之火，如為無量光如來。遺體抬置薪堆之時，復視遺體為曼陀羅，其心則無量光如來之所居也。火燄增高，即將芳香之油、香料、檀木、梗香等擲諸火中，以為供養。與印度之拜火同樣儀式。葬禮告終，喇嘛及送喪者，思維亡者生前，一切罪障，如已為無量光如來所象徵之火，燒除淨盡。簡言之，以上即哲孟雄火葬儀式之玄祕意義。

全藏或藏屬各縣，舉行其他葬式之時，亦根據同樣儀式，惟視民族及地方之不同，稍有變化耳。

七、中有情境

自命盡之時起，三日有半或四日後，亡者如為常人，其識體（俗為靈魂）大都尚在睡眠或昏沉狀態，不自知其已離肉體，此一時間，為初步中有（Chikhai Bardo），斯時明光現前，初作法爾純潔之色。繼因亡靈生前業力。不能辨識。易言之，即不能保持與明光俱起不可變易之心之狀態，或居住其中，其光遂變黯淡之色，所謂後期明光者是也。初步中有告終，亡魂自知已死，開始經歷實相中有，由此進入投生中有，至識體投生人道，或其他各道，或往生樂土為止。

上來第三節內，業已闡釋，亡者逐步經過中有，猶如嬰兒坐胎，逐期變化，蓋亡魂自初步中有昏睡狀態甦醒後，即入二步中有，繼續昏睡，似此醒而復睡，睡而又醒。直至第三中有終結為止。

當其在二步中有醒覺之時，生前一切造作由業力映成幻景，一一顯現，盡成客觀景象。爾時亡者目睹自識幻相全景展演，有如草木之生根發芽、開花結果，毫無二致。

二步中有期內，亡者如未證覺，往往誤會人死尚具血肉之體，迨至領悟實無有體之時，亡者即起肉體之企求，一經尋覓，立入三步投生中有。終至重生人道，或輪迴之其他一道。（輪迴各道之選擇，純因業力而定。）中有狀態，自此中止。

上來所述，為常人在中有必經之程途。如有亡者，邃於瑜珈玄理，已獲佛法啟迪，則在亡後，僅經歷中有最初數日之心靈顯現時期而已。其最高深之瑜珈行者，竟能於脫離軀殼之後，超越中有，逕入樂土，或立即重生人世，並能保持其識體之連續，無有間斷。以人類善能思維，當生如是，來生亦莫不如是。思維者一切善惡業之所由起，猶如收成之先，必經播種也。

亡者如不能逃避中有，而在中有四十九日期內（期之久暫，純依業力），轉生輪迴各道或苦或樂，仍受中有業力幻相之支配，欲求改進，毫不可能。除生前有極大惡業，墮入地獄道外，大都於贖盡普通惡業後，仍得重生人道。是以常人既不能於亡後解脫，證取涅槃，當以重生人道為成就佛道之惟一期望。設或轉生其他各道，欲達最終目的，必為遲誤也。

八、中有景象之心理觀

中有期內，出現佛菩薩尊，確屬各具心理學上之意義。讀者欲求了解，切應記憶前文暗示，亡者所見中有奇異幻相，並非實有，僅為自識潛藏思想種子幻成具體而已。換言之，即理智之激動，在亡者睡夢狀態中，幻為像體也。

是以安樂部尊為人類最高尚情操之幻體，出自心神經樞。其所以在中有最先出現者，以按照心理學說，自心發生之激動，理應先於自腦發生之激動也。亡者方離人世，拋棄親友，事業未成，夙願未酬。大都渴望回復其已失之機緣，重生人道，證取正覺，以是之故，佛菩薩尊，以安樂相狀，現前感化，抑制亡者，使毋起念。然一切心生激動，一切企求，均受業力主宰。亡者如因業力，不能在最初時期，獲得解脫，終必迷離恍惚，沉入後一時期。此時心生激動中止，而易於腦生激動矣。忿怒部尊者，理智所幻化，發自腦神經樞。心生之激動既變易為腦生之理智。故忿怒部尊，亦即安樂部尊之另一相狀也。

當情操與理智新陳代謝之際，亡者逐漸領悟其所處狀態。隨即利用其中有之身之超常官能（與新生嬰孩之開始利用肉體感官相同），思維如何投生。不幸仍為業力控制，不能超越註定界限。人類之情操激動，以童年為最力。壯後每易消失，易以理智之活躍。是以在命盡中有，最初之經歷，較之以後所經，愉快實多也。

自另一方面言之，凡諸主要之尊，咸為宇宙神力之具體。亡者與之性實相通，不可分離。譬諸大宇宙之於小宇宙。前者所發一切善染之激動共力，後者亦受感應。是以普賢如來，象徵真實之性，為無生無形法身之原始明光。大日如來，為萬象所自，中因之因。以其散佈萬象種子，故為宇宙之鼻祖。其配偶，天空佛母，則接受種子，產生塵世。金剛薩埵，象徵不可變易之性。寶生如來，為真美善之表顯，宇宙一切美善之始。無量光如來，以大慈大悲為體。不空成就如來，則為無上威力，無所不能性之幻化。餘如護法神、天神、女神、閻摩王、羅剎、惡鬼、幽靈等等，亦無非人類之思想情緒以及神經之激動（無論高下，人或非人、或超人），分別業力而變現，即隨識體潛在之思想種子，而變易其形也。

本書正文反覆開示，諸佛神祇幽靈等，並非真實個別存在。與塵世之幻，正復相同。例如文內「如是現象，自識所變，爾應認識」等句，意謂中有期內所睹怪異現象，即係亡者自識潛藏種子之現行，有如夢幻，空無實體也。

似此心理理論，亡者如澈底了悟，即獲解脫，證入實相。本書之所以稱為「中有聞教得度密法」者，即此意也。

人在死亡之後，其識體內潛藏之思想種子，以業力故，復又現行。此時亡者獨對奇異幻景之全幅展演，恰如兒童之初睹銀幕，驚奇注視。設非生前精於瑜珈，不能辨識眼前起伏景象之幻而非實。

其先，淨心之激蕩與活躍，其種子變生愉快與光榮之現象時，亡者未聞密法，睹之生懼。迨後易以染心情緒激動而生之景象。亡者驚駭欲遁，惜為景象控制，不可得脫。無論逃避何處，如影之與形，相隨不離。

以上所述，非謂凡屬亡者在中有時期，均須經歷同樣景象。即塵世人類，平時或夢境所經，亦決無一致之理。本書對於死後經歷情狀，僅作比擬及暗示而已。書內雖詳示常人之信奉蓮華生上師所主之紅教者，將在中有面對何種情景，亦僅為假定之詞。蓋如是相授，如是信受耳。思想猶花草種子，深植兒童腦海，而支配其意識，信仰之心，亦復如是。一經栽種，不論其種子之良窳，或為左道，或為正智，亦必生根繁榮。終使人類受思想之支配而後已。至於其他各宗佛教、印度教、回教、耶教，其教徒之中有境界，亦必隨各教教理而異。佛教徒之思想種子起現行時，必係諸佛菩薩。印度教徒中有所見，則為本教之神祇。回教徒中有情景，無非回教樂土（Jannah，天園）。耶教徒則以所傳之天堂為中有幻相。即以美洲人而言，其中有亦不出「永樂獵場」（美洲人之天堂也）範圍。以此推論，則唯物論者之中有，無神無靈，空無實在，其生前夢想如此，死後所見，自必相同。再以正理推究，人之死後所經，一如本書所示，純視其思想種子而定。換言之，死後情狀，恰入夢境，殆為夢者之思想所結成也。以此心理理論解釋中有，實合乎科學方法，試證以耶教前賢先知所言，虔誠教徒，每夢天主在新耶路撒冷身登寶座，旁有聖子侍立。以及聖經所示，天堂美善之景，或夢對童女、聖母、十二門徒、天使等像，或夢作地獄冥景，可以明矣。

概括言之，本書似以可恃之生理與心理實驗資料作依據，對於死後狀態，純視為「心物」（psycho-physical）問題。大體上確合科學法則。書中一再敷陳，識體在中有所見完全為其潛藏種子之現行。所謂諸佛菩薩、鬼怪、天堂、冥境，均非實有。一切景象咸為自我思想種子，按業力所幻生，其實自我無常，因渴望求生，決意存在，並作思量而起。

中有景象，隨識體種子之現行，逐日變易，迨至推動之業力竭盡方止。換言之，思想種子為愛慾時時薰習，遂起現行，實為一部心理之記載，有如影片映演之事物，影片映盡，猶之中有之告終，爾時亡者自貽產生，重複經歷人事景象。

耶教及回教先知信徒實驗之心靈幻相，新舊約與可蘭經各有記載。然對於此種幻相，終非實有，似乎永未考慮。而本書則力闢其妄，一再諦示，中有或類似中有之睡夢中，或昏睡中，每一境界，或神、或鬼、或為天堂、或為地獄，純依輪迴現象所幻化，毫無例外。如是宣示，明晰印入讀者腦海，勿起誤會。

總之本書教義全旨，在乎使人類悟入真如實相，掃除業障，明示輪迴之幻，頓臻超世或涅槃境界，遠離一切稀有樂土、地獄、天堂或其他具體之世界。如此純粹佛典，遠非塵世間其他異教經典或世俗文學所可比擬也。

九、冥府審判

本書敘述之冥府審判情景，與埃及《死亡書》中所述者，大致相同。自必同出一源。其源何自，則不可考矣。藏本，審判亡者之神為法王，即冥府主宰（上座部稱為閻摩王）。而埃及圖中則為阿雪笠斯（地獄之王）（Osiris，奧賽利斯）。兩圖同有權量善惡情狀。法王之前，置天秤一。秤盤之一，滿堆黑色石卵。其另一盤為白色石卵，以表善舉惡業。阿雪笠斯之前亦有天秤。一端所懸為心，另一端為羽毛。（間有易以羽毛代表之真實女神者。）兩相權衡，區別善惡，心為亡者之天良或行為之象徵。羽毛則正義或法也。

埃及《死亡書》中，載有亡者向心祈請之詞。其語如下：「慎毋上升，陷余不利。環神之前，勿為余仇。地獄主宰，尊神當前，天平兩端，願保平衡。」圖中持秤者，為職司智慧之猿首神「石斯」（Shinje）。陪審神祇或具獸首，或如人類。亡者罪定，旁有巨獸，進撲吞噬。藏圖司秤者，亦為猴首之神，陪審者之面貌，亦有人獸之分。定讞後，亡者由惡鬼押往地獄。又智慧神石斯，手持善惡生死簿籍，而法王則持孽鏡。（藏圖中間有為陪審神祇所持者。）再兩書均述，亡者受審之初，自認生前無過，所不同者，根據現在所傳之埃及版本，亡者辯訴，似獲諒解。而藏本則其辯訴，須待孽鏡之測驗耳。總之，兩書均本自有史以前之傳說，至為顯然。不過印度教及佛教，對之有所增進。而埃及書中則竄改較少。

西哲柏拉圖氏之《共和國》一書，其第十卷所記，愛爾氏（Er）在冥曹之經歷，亦有類似冥判情景。除陳敘審判神祇，以善惡生死簿籍而外，復詳述善惡途徑，一通天堂，一入地獄。亡靈罪定，亦為惡鬼押往地獄，與本書完全吻合。

愛爾蘭之端克海灣（Lough Derg）中有小島，島上有石穴。相傳為護佑愛爾蘭之神，聖柏德立克地府（St. Patrick's Purgatory）。羅馬教徒，現尚時往朝參。耶教之所以有冥府之說者，殆出此源。英國賽爾特族人之神仙信仰，亦有關於陰世及重生之種種傳說。人世間各聖典中，復有相似之冥府女王（Proserpine）之記錄。猶太及阿拉伯之閃族人民，且盛傳天堂、地獄、冥判、重生等義理。其重生之義，源自猶太教。嗣為耶教所竄改而成。以上足證，世間種種信仰，較之巴比倫或埃及之古籍所載，尤為古舊。本書附有西藏冥判圖一幀（見頁164），係藏中著名佛像畫家，於一千九百十九年，小住哲孟雄國之剛渡（Gangtok）地方時所繪。與僧侶所傳情狀，極相符合。畫之真跡，直至最近，始保藏於哲孟雄國大喜定寺中，為輪迴圈壁畫之一種，華台爾博士之《西藏密教》中亦述及輪迴之圈。其語如下：「冥判，每案均由大公無私之法王親自處理。法王手持明鏡，照映亡者，燃犀畢露。然後由其隨從之神，置黑白卵石於天平之上，權衡善惡。」華氏並曾追溯畫之所自。據考，印度阿壤塔石穴第十七穴之長廊，有壁畫輪迴圖（普通稱為十二命宮圖，實際係誤解。）與之相似。冥判圖源流之古，於此可見。

冥判輪迴之說，雜出於北方佛典，及後撰偽經之間，不可枚舉。即南方佛教巴利經文，亦有同樣宣示。例如《增一阿含》之〈善聚品〉、《中阿含》之〈天使經〉。茲將

〈天使經〉（*Devadatta Sutta*）大意概述如下：「世尊在祇園精舍，為僧眾宣說中有狀態。如具慧眼之人。坐於兩屋之間。屋各六門。眾生出入其間。兩屋之一，以喻中有。或無具體之生存。其他一屋，則為具體之狀態。十二門者，六道輪迴出入所自也。亡者出入輪迴，純因業力所致。其有惡業者。則押至法王之前，以五天使事詰責之。」

第一天使以仰臥之初生嬰孩為象徵，以示人之衰老以死，不可避免。嬰孩如此，世人莫不如此。第二天使，為一年近百歲之老人，佝僂龍鍾，兩鬢霜雪，額起皺紋，頭禿齒落，持杖而前，步履維艱。愁苦情狀，至堪憐憫。所以警惕人類，凡嬰孩之生而長而衰，僅為死亡之前奏耳。第三天使現患病者之狀，動轉於污穢之中，坐臥均恃人助。其意殆謂，世人病尚不免，其況死亡乎？第四天使，為一身受重刑之竊賊，以表惡業所感之報，以塵世之刑較之，實不可以道里計。第五天使，則為紅腫腐臭之屍，鄭重儆示人之必死。其軀殼亦不免腐爛也。

每審，閻摩王必先詰責亡者，見天使否。答以未見。王即告以天使誰何，與其使命意義。亡者頓憶所見。不得已自認，生前並無善舉，使命亦未遵行。且因忽於死之不可避免，致有惡業。王遂定罪宣判，亡者依業受報。於是地獄鬼卒，立攫亡者，送入五無間地獄，備受極刑，刑畢體復。具如本書所明。

按照《增一阿含》，天使為數僅三。一為老人，一為患病之人，或為病婦，一為屍身。經文之末，世尊結述，人類受天使警告，如仍漠視佛法，必將下生惡道，永受苦惱。行善之人，於天使警告之後，宣揚佛法不怠。鑒於愛慾為出入生死之因，此生立斷輪迴之苦，到達無畏、安樂、無慾、無惡之境。

十、重生教理

重生教理，具有兩種解釋。而尤以本書所涉及者為甚。研討者不可不注意焉。一為文字上或顯義之解釋，亦即通俗之解釋。一為象徵或密義之解釋。後者解釋認為，正確者惟為少數密法入門之士，其學識之譽，尤勝其經典依據及信心之名。藏中此種人士大都為佛法深湛之喇嘛。相傳竟能依佛陀宣示方法，記憶前生，並獲取瑜珈成就，了知死亡與重生間自然過程中之實在狀態。故虔奉佛法之人，如不以信奉經典或僧侶傳法為滿足，而欲求了解重生之義，佛陀曾為指示如右：「如彼意欲，善能記憶，過去各生。一生二生，三生四生，五生十生，二十三十，四十五十，百千萬生，至無量數，壞劫各生，與無量數，成劫各生，無量成壞，劫中各生，似能憶說，於彼生中，是何姓氏，是何家族，如何度生，得何安享，受何痛苦，壽命幾何。旋由彼生，另轉一生，是何姓氏，是何家族，如何度生，得何安享，受何痛苦，壽命幾何。再由彼生，轉入此生。如是過去，一一生中，悉能記憶。在此靜慮觀照狀態，其心專注。任何事物，決定成就。」

「如彼意欲，善用超人，淨眼天眼，觀察業力，各別顯現，貴賤美醜，苦樂有情，自一浮生，流轉各生。在此靜慮觀照狀態，其心專注，任何事物，決定成就。」（見《增一阿含．安般品》）[1]

西方科學，現已證明，潛識為一切事物潛藏之所在。恰符佛教之心理學說。《增一阿含》之〈梵志品〉中亦宣說回復潛識功能之瑜珈方法，並有下語：「如是記憶，過去各生，一切相狀，實係智慧，最初時期，無明既滅，智慧頓生。有如離暗，光明現前，

1 經文原文如下：「彼以此三昧，心清淨無塵穢，身體柔軟，知所從來，憶本所作，自識宿命無數劫事。亦知一生、二生、三生、四生、五生、十生、二十生、三十生、四十生、五十生、百生、千生、萬生、數十萬生，成劫、敗劫，無數成劫、無數敗劫，億載不可計，我曾生彼，名某姓某，食如此食，受如此苦樂，壽命長短，彼終生此，此終生彼。彼以此三昧，心清淨無瑕穢，亦無諸結。亦知眾生所起之心，彼復以天眼清淨無瑕穢，觀眾生類：生者、逝者，善色、惡色，善趣、惡趣，若好、若醜，所行、所造，如實知之。」

即係禪定，降伏情慾，自然結果。」

以我人所知，當世各地南方佛教徒中之瑜珈行者，能遵循實習，獲得成就，殊未或見。即在佛鳴（Buddhaghośa）時代，據傳亦無其人。而根據印藏善知識可恃之證明，迄至今日僅在北方佛教徒中（在印度教徒中亦然），如是瑜珈，似仍屬一種應用學術。因之近代大德，時有產生，其中間有圓滿聖行，堪稱為阿羅漢者。

重生教理之解釋，究以何者為真確，何者為非。東方人士之信守此教理者，既無法明定，我人對此問題，自須坦直認其具有爭辯之焦點。故在本節內，將兩種解釋，試為權衡。或能達到另一結論，期為研究學人，於中有聞教得度密法含攝之基本教理，作一正確之指導。我人作如是之檢討，尚須求助於可能直接應用之西方科學事業，方能有所依據。

關於密義之解釋，編者業經發見。凡屬信持此種解釋之密教入門人士，無不一致遵循佛陀之垂誡。一如《增一阿含》之《時母經》，及印度瑜珈著作中之所載，即對任何數理，縱令明載佛典，非經試驗證明真實，不予信受。彼輩之意，不論關於重生或任何教理，所有巴利、藏、梵或其他文字之佛典，其謬誤失實，均所不免也。

按照顯義之解釋，人類識體流動（易言之，即生命之動變性）於其既賦人形之復。

隨即重具亞人生物（sub-human creatures）之體，不特有可能性，且屬事所常有。此義南北佛教及印度教徒，均公認之。同時復引經據典，一致視為無可爭辯。迨至今日，雖已被視為正義之解釋，然此項解釋，純以文字記載為基礎，間亦根據上師及僧侶毫未實驗之理論，實則此類上師及僧侶，未諳瑜珈，僅為以經文為圭臬者流也。

本書字裡行間，確亦含示顯義之解釋，然與之相峙並立者，尚有密義之解釋，茲以親聆於印度教及佛教之各哲學家者概述如下：

人類形體（非其聖靈之性）直接源出自亞人之生物界，為永久增長，與永久變易之生命動變性所支配，自最低劣生物狀態，逐漸進化而成。此生命動變性，即為潛在之識，可以喻作生命力之種子，覆罩有知覺生物，並與相聯合。其本質純屬心靈。如是潛識，實為進化之原，連續為性，能了悟自性。其正常目標，則為正覺。動植物有機體之種子，我人既目擊，僅可產生自種（即人類之物質種子亦然），則我人所喻作生命動變性之心靈種子，雖視之不見，亦僅能產生自種而已。如屬人類，其心靈種子自不能轉生在人世或中有、或輪迴其他各道中與進化特質相異之體，或覆罩之，或與之密切聯合。此即我人所信之表顯、生命之自然律，與使之運行之因果律（業力）同屬無可爭辯者也。

是以人類生命動變性，絕難轉成禽獸、蟲豸、物質之體，恰如密歇根湖（Lake Michigan）與吉拉耐湖（Lake Killarney）之湖水無法遷換，又如印度海洋之水不能納入恆河之內。

極度發育之開花植物，以及果蔬米麥獸類，其所以一旦衰頹者，良以耕牧疏忽所致。但際此創造進化時期，就科學實際視察所及，開花植物衰頹後，不能成為蘋果之樹，或變米麥五穀。甲類之獸亦不能轉變為乙類之獸。即使人類之墮落，亦僅成為野人，永不能變為亞人之生物也。至於凡夫目力所不及之生命動變程序，遠古希臘、埃及神祕主義者之言曰：「在下（世間）如是，在上（超世）亦復如是。」其意蓋謂，自然界之行動，無論可見與不可見，係由唯一適合之因果律支配之，不偏不倚，絕無變動可言。此意與密教教義，恰相符合。

按照東方提倡密義解釋者之推論，進化或退化非為滯伏不變之中立狀態，其在輪迴六道內或為進化，或屬退化，並非兼而有之。而在六道之任何一道內，無論進化或退化，絕不能引使流動之生命超越其所屬之範圍，即亞人生物，不能頓變人類，人類亦不能立成亞人生物。其逐漸轉變者，自屬例外。此種推論，實與上文，互相關合。蓋進化與退化，同屬時間經歷問題。火霧凝成固體之星球，即須經過多數時代。佛陀之成正覺，亦為無量數轉生之希有之果。故人既為萬物之靈，姑無論其所造之業如何惡毒，欲其頓即轉變最低劣之動物，自不可能。

人類識體，連續退化，至若干年代之後，或將不復再屬人類。蓋識體內屬於人類之部分，已因缺乏運用，形成萎縮，潛伏不動。與肉體各器官之活動力，因不使用而致萎縮，理無二致。以此識體在機能方面，已不屬諸人類，僅有若干人類部分潛伏在內而已。猶之犬馬象等獸類，其潛伏部分，雖屬人類，而在機能方面，則非人類也。如是識體，通常自能降墮亞人生物之界，再自此恢復人類狀態，或竟重復墮落畜道以下，均屬可能。

關於此點，譯人已故喀齊達瓦桑杜喇嘛之語錄中，曾補充其意見如下：「中有四十九日，實為進化或退化時期之象徵，上智之士，了解實相，不致墮入低下生存狀態中。」

「人類轉生亞人生物界之教理，僅可適用於識體之較低劣或純屬畜性部分。以識體自身，不具肉體，如旁觀之人，並非親歷其境也。」

「依照本書所示，亡者在中有係逐步退化，墜入識體之低劣狀態。每次下落之前，必在昏沉之中，毫無覺知。亡者如此沉淪中有，其智力之成分，或即生前識體內，原有智力之一部分，乘亡者昏沉之際，與識體內較高尚之原素，或心靈上更徹悟之部分，分離獨立。與人類原有之智力，不能相提並論，似僅為亡者生前智力之衰敗，與不相連合之反影耳。如實際上確有轉生情事，則轉生亞人生物之體者，殆即類此之智力也。」

譯人之理論，引起無限興趣。蓋當其記述之時，實不自知，其暗合乎埃及僧侶所持之理論也。古時埃及在僧侶間祕密相傳。希臘哲人希羅台德斯氏（Herodotus，希羅多德），受業於太陽城之僧侶學府，筆之於書，遂成顯義。就希氏以及其他希臘羅馬學者之著作而論，關於重生之理，可作如下之概述：「人之亡魂，據謂繼續存在，至三千年之久。亡時，塵世之體，與魂分離。其成分轉變為動植物之體。在三千年之內，輾轉演變，迨至三千年期滿，在連續轉變中之塵世遺體，其鉅細成分，均由靈魂一一辨認聚集，改造新體。如鳥築巢，純出自然，於是重生其中，復為人類。」

此理論，如將其必須變更之處，加以修正，實堪為說明中有重生教理密義解釋之助。

主張以上理論之人士，於其所持理論之外，復加說明，謂在亡者遺體最後消失之前，體內原子輾轉變動，無有已時，按諸上乘印度教及大乘佛教教理，此義亦通。蓋當人類軀殼持識之時，五大新陳代謝，七年一次。縱令人體成分，在一切有機與無機界內，如是轉變。而其心靈之質，在剎那一生期內，則仍屬諸人類，毫無變異。是以在較久之進化期內（佛家謂為劫數），通常亦為人類之識。質言之，非俟輪迴終結，證得涅槃正覺，識體並不轉變。

關於上述理論之密教教義，可以文字顯說如下：「凡屬人類，與亞人生物界共同具有之各種體質，如凝結體、液體、氣體等質，可以輾轉變化，永久不息。其為人類所固有，或為亞人生物固有者，則按諸同類相吸引。同類出生同類之自然律，仍分別屬諸人類，或亞人生物，不能互相變易。蓋一切動力之行進，均循最少阻力之途徑，純出自然也。至極度發展之心靈混合部分，以與複合之人類識體相膠結，無法立時分解。非俟相當時期，不能退化或根本消失與轉變也。」

綜上以觀，本書在文字上，雖顯說人類識體，於脫離軀殼之後，能在四十九日內，轉生亞人生物之體。然密教以其不合科學原理，未加肯定。非若顯教人士之信奉重生教理者，徒在本書之字裡行間求之也。

茲再就密義解釋之觀點，將中有重生徵象，詳為研討之。並可舉無數源出遠方之類似徵象以闡明之。其中以柏拉圖氏之《共和國》第十章，希臘英魂在投生中有期內，選擇再坐之體之記載，尤為適合。蓋柏氏之書，為一致公認之權威著作也。

按諸《共和國》所載之中有情事，班菲林省人（Pamphylian）阿美尼斯（Armenius），有子名愛爾（Er）者，戰死沙場。十日後，其他戰士之屍俱已潰爛，而愛爾屍體完好如生。家人舁回掩埋。逾二日，屍尚橫陳葬地，忽爾復生，詳述其在另一世間之經過情形，云魂離體之後，如隨群眾游行至一處，殊為詭奇。地有二孔，相距甚近。仰觀上空，亦有二孔，上下孔間，有審判席。亡魂經過其間，判官逐案斷結。生前行善，上升右孔。作惡之人，下墜左穴。善者惡者，各有標幟，黏附其背，以示區別。

冥界審判情景（與本書所述頗為相似）敘述既竟，愛爾復繼續說明，希臘英雄，在投生中有中，準備重生情狀。此種悲慘怪異可笑情景，可謂奇特。蓋亡魂分別拈鬮，選擇再生之體。大都以生前之經歷為依據。譬之沃弗斯之亡魂，生前為婦人所暗害，心中忿恨女性，不願由婦人產生，寧擇鴻雁為再生之體。撒密拉斯（Thamyras）則願托生夜鶯。然禽類如鴻雁，及其他善鳴之鳥，反渴望投生人類。其拈得第二十鬮者，擇雄獅為體，蓋推拉門（Telamon）之子，阿茄克斯（Ajax）之魂也。以生前在武事上，遭遇不平，不願復為人類。其次為哀克孟納（Agamemnon，阿加曼農），生前受苦多端，亦嫉恨人類，遂擇鶯體而去。選擇至半，輪及阿塔蘭達（Atalanta），彼為體育家之盛譽所惑，自願重生為體育家，此後為潘諾貝（Panopeus）之子，哀辟斯（Epeius）之魂，擇一有巧藝之婦人為體。最後拈鬮者之中，有滑稽家算雪脫斯（Thersites）之魂，則擇猴體以自足。終末輪至沃迪塞斯（Odysseus，奧德修斯），尚未選擇。忽憶及生前之辛勞，頓生厭倦，開始尋覓，煞費辛苦。久之，始得一無憂無慮之閒人為體，適為眾所忽，無人顧問。覓得後，自云：縱彼為最先選擇之人，亦必選之也。總之，不獨人變為畜，畜變為人，即畜之馴者悍者，亦互相變易。後有良善者，變為更馴良者。凶惡者變成更殘酷者。種種合體，各如所喜。柏氏重生經過之敘述，讀者如不深究，亦僅如文了解。與在字裡行間之求本書真旨，毫無區別。希臘哲人希羅台德斯，指示密義，從未顯說。惟以藻麗並故作別解之文詞出之。柏氏既於希臘神祕學說，深入堂奧，恐亦意在使未入門之士，如文以解耳。然設將上文，反覆研討，則其含潛之義，顯非僅為人類轉生亞人生物，或亞人生物轉生人類之通俗教理。觀乎上文所舉，沃笛塞斯之選擇，其真旨線索，約略可見。沃之擇體，適在最後，前乎沃者，於彼無憂無慮閒人之體，莫不漠視之，而不擇為體。然沃竟取之，並以為最愜其意。

試取在沃前之各希臘亡魂所擇之體而論，可見其所擇之體，於擇者性情，均有明確之象徵。如創沃弗斯密義之沃弗斯者，原係歌樂之神阿波羅遣降塵世、訓誨人類之神聖導師，希臘人所目為最偉大之琴師，最能啟迪心靈之詩人與歌者也。其所以擇鴻雁為體，要亦十分適當。蓋自古迄今，鴻雁為歌唱與音樂之象徵也。實則柏氏藻詞之正解，含有沃氏在性質上必重生為大詩人與天才音樂家之意義。通俗推論，雖謂沃氏實重生為雁，而在密教人士，則以為無可憑藉。

古色雷斯族大詩人撒密拉斯，亦以琴師歌者聞名。其以善歌之夜鶯為再世之體，則又一象徵也。

希臘荷馬詩中英雄阿茄克斯，為希臘最勇武之人，僅次於阿豈爾斯（Achilles，阿基里斯），宜其擇雄獅為體。自來獸王為勇武或無畏之象徵。世界各民族，幾已公認之。

其次，以哀克孟納擇鷲為體而言。哀氏在希臘英雄中，實堪首屈一指，亦猶酒斯（宙斯）為亞林伯斯山（奧林帕斯山）神之主神也。哀氏曾被視為酒斯再生。希臘人奉之如神，故以象徵酒斯之鷲體屬之。

阿塔蘭達者，人類中之疾行者無出其右，曾以與無數求愛者競走享盛名。求生為體育家，勢所必然。故柏氏書中未是象徵。

又擇巧藝婦人為體之哀辟斯，當屈羅埃城（特洛伊城）被圍時，以善造木馬著名。然其膽小如鼷，旋亦流傳世間。書中亦無象徵表示。

至於滑稽家算雪脫斯之求生為猴，其意甚明，無註釋必要。

以此推論，關於各英魂憎惡由婦人產生之語，似亦純屬隱喻。其以獸類為象徵之意，可從文字上求之。上文曰「畜變為人，畜之馴者悍者，亦互相變易。復有善良者，變為更馴良者。凶惡者變成更殘酷者。種種合體，各如所喜。」又「禽類如鴻雁，及其他善鳴之鳥，反渴望投生人類。」等語句，正堪發明。即如愛爾所見，最先選擇之常人之魂，既非如沃弗斯或哀克孟納之為神聖降生，又無阿茄克斯之英雄事蹟。其識雖為獸性成分所暗蔽，而柏氏並未如信奉顯義重生教理者之斷為投生亞人生物之界，並亦未以獸類為象徵。惟云：「首先選擇者，於是進前，立擇最暴虐之君為體。蓋其心已為放蕩淫逸所蔽，事前固未悉心思考，亦未料及，在其他惡業外，必有自殘其骨肉之一日。……是人來自上天，生前嘗為治國人民，其德行習慣使然而不諳哲理。」本書以另一文字教示，信奉菩提之道，須先具正智。柏氏亦云：「人生塵世，如信崇純正哲理，輪值選擇，幸不落後，不特為使者所稱，此生獲福。即至他生，或重返此間之道路，亦必平坦。而逕通天國，不致崎嶇，而下墜地府也。」

其餘哲人，如賓達爾（Pindar，品達）、恩貝獨克爾（Empedocles，恩培多克勒）、畢薩戈拉（Pythagoras，畢達哥拉斯）、蘇格拉底諸人所傳重生教理，亦嘗借助於象徵與隱喻，與柏氏及希臘神祕學者，正復相同。

西伯力（Sybaris）（希臘古城）遺址附近，土中掘出，黃金墓碑。其上鐫語有云：「夫如是，余始得免於此苦痛悲慘之時環。」此蓋亦如沃弗氏某種教法之純含佛教或印度教色彩，且暗示希臘上古時代重生教理，至少亦廣傳於諳習奧義之文人之間也。

佛典結集者，亦採用象徵方式，與柏氏所用者極相類似。例如北方佛教關於佛陀應生之記載，茲將加爾加答東印度事務局（East India Office, Calcutta）保存之藏文律藏（即甘珠〔Bkah-hgyur〕中最可恃、恐亦最古之部分）第三冊第四十五頁譯述如後，以資參證。

「未來佛陀，今尚局住睹史（兜率）天宮，自知時至。慧眼觀察。一生何家，二降何國，三誕何時，四生何族，五處何胎。既已決定大幻（摩耶）王后為其生母，午夜時分，現巨象形，逕入其胎。王后初夢，六牙巨象，投入其胎。次夢自身忽騰天空。三夢身登高山峻嶺，四夢群眾俯伏欽仰。」

「先知預告，太子誕生，將具巨人三十二相，在俗為王，斷煩惱後，身衣赭服，離家投荒，隔絕塵世，證得如來，阿羅漢身，終成圓滿正覺佛陀。」

又南方佛教所傳之《本生經》（*Jātaka*），係於佛陀滅度後第三世紀，根據關於佛陀及其各生之民間傳說、民間信仰、通俗神話、凡屬可為佛陀人格之結晶者揉集而成。

（英國阿塞爾王〔亞瑟王〕軼史材料之集中於王者亦然如此。）經中敘述佛陀曾數度轉生亞人生物之界，密教人士，雖承認上古遠劫期內，轉生亞人生物，實有可能，然於現前劫內，如是轉生之解釋，僅含象徵意味。至於正義上座部教徒，則率直記述，毫無隱祕。

按照密教徒之意。《本生經》根本上為群眾閱讀之通俗記事文。是以任何顯義之解釋，較之藏本律藏所載，似更有似是而非之譏。再，巴利經典亦有類似記述。經中亦用同一之獸類象徵。（即六牙白象是也。）此可為引用象徵之又一例，蓋象徵意義之決定，既為南北佛教所同，則顯教人士，自不得不以象徵方式以解釋之也。

本生論在基礎上，既形成於通俗之解釋，則本書之編纂，自亦不免蒙受同樣影響。凡一切記載之源自遠古時代者，往往為流傳後世之相似資料揉雜而成。本書闡述死亡及重生教理，其初如何出生，無可稽考。（巴利藏梵聖典莫不皆然。）意其必曾經歷數千百年之扶植，迨至完全發達後，始見諸文字。其原來真實部分，必已有若干佚失無疑。再就其性質與宗教習俗而論，本書亦最易為通俗或顯義之見解所左右。以我人所見，本書確曾經過若干變易，顯密兩種解釋，既不相通，欲期融合，殊不可能。惟本書原來密義，書中信手可拈，仍易辨識。試舉五禪定佛之獸座為例。大日如來，身登獅座；金剛薩埵，身登象座；寶生如來，身登馬座；彌陀如來，登孔雀座；不空如來，身登鵬座。無不與北方佛教象徵法相符合。逐一說明之，可自每一獸座，想見其本尊之特性，如是獅子為勇武、大力與王權之象徵，象為不可變易之表現；馬則象徵智力與形相之美；孔雀象徵華麗與變異（俗謂孔雀飲酖，其羽增美）；鵬鳥則象徵偉大與制伏四大（地水火風）之威力。最後分析之，各尊亦象徵其法身固有之菩提性。超世正覺之力，即自此出生。信奉者可藉是指引，以趨於佛果也。

我人如細味投生中有，獸類象徵之密義（柏氏《共和國》投生中有章內顯述之密義可與本書並行不悖。藏文律藏中，佛陀降生之敘述，亦復如是），佛教重生象徵，隨處皆是。雖屬密義，清晰易曉，足資指示。

密教書籍之著名權威作家華台爾博士，在其所著之《哲孟雄國喇嘛教》（*Lāmaism in Sikkim*）一書內，對於最近被毀之該國大喜定寺著名壁畫《六道輪迴圖》，曾述及其象徵所以，據云：「是圖為密教徒留傳最純粹佛教表徵之一。余曾藉是圖，將印度阿壤塔石穴第十七穴長廊壁畫（俗誤為十二命宮圖，迄無人解）輪迴圖之殘片，修復舊觀。」圖為根本三毒與十二因緣，現實象徵，兼而有之。蓋使遊覽者深印人心，藉以避免輪迴也。各道輪迴之苦痛，以及受罪之慘狀，亦栩栩如生，俾作惡者，觀之有所警惕。根本三毒，係作豕、雞、蛇三者之狀。華博士釋其密義云：「豕者，痴之象徵。雞為貪之表現。蛇則嗔之象徵。」至《十二因緣圖》，除以人類及其他肖像為象徵外，僅第三圖用獸類之象徵，圖中一猴食果，含有一一嘗食，遍識良窳之意，或隱喻恣意放逸之人，不藉理智，純恃感覺之經驗而行，蓋即象徵十二因緣之識之所由生也。

本書第二卷內所述之獸類相狀及其所居，所以稱為人類識體重生塵世時應現之可能相狀與居處者，由是可以說明如左：

犬形者（與輪迴圖之作雞形相同），象徵極度貪慾。藏中通俗傳說，亦表嫉妒之意。其棲居之窩，則喻貪慾之覆蓋。

豕形（見輪迴圖），所以示為貪求所支配之痴。亦喻自利與不潔。其所居之欄，為如是特質支配之塵世。

蟻者，象徵勤忙（西方各圖亦具此說）與塵世財富之貪求。蟻穴則示其如是生活耳。

昆蟲、蝦蟆，為塵污卑劣之表現，所居之穴，則其所處如是性質之狀態也。

本書所舉之牛、羊、馬、雞相狀，亦無不象徵各畜及人類共同具有之相類特質。世間一切進化民族，往往因物聯想及人。例如《伊索寓言》以之為基礎之禽獸神話，其喻義所在，尤可概見。即舊約先知《依齊吉爾章》（Ezekiel，以西結書）夢錄（異象）各節，與新約《約翰默示錄》（啟示錄），均明示獸類象徵已影響及於耶教經典。故我人以為顯義佛教徒及印度教徒，設各將其教經典，以象徵學之見解，反覆溫習，恐終必放棄其反對密義之成見而後已。

人類識體，除非獲得解脫，將因支配多數人類之正常進化業力，在現劫期內，各依宿業，繼續得生人道，而其心靈特質，則猶存獸類之象徵。反之如因非常或不正常之退化業力，在若干時期內，終將逐漸失去人性部分，而墜入亞人生物之界。是以本書投生中有之本文及其獸類象徵，所指之密義重生教理，雖因竄訂，失去本來面目，仍應認為含有如是解釋。譯人喀齊達瓦桑杜喇嘛曾謂：我人只須環顧塵世，人之嗜殺如虎者，貪得如豕者，詭詐如狐者，喜竊盜而善仿效如猴者，卑賤如蠆蟥者，勤忙而恆慳吝如蟻者，生命甚暫而間或亦被認為有美術癖如蝶者，力大如牛者，勇悍無畏如獅者，觸目皆是。然人類無論有若干類似獸之宿業，究較亞人生物類尤為富有易於了脫生死之可能性。佛教及印度教流行地帶，普傳之愚俗信仰，以為殺人者終不免重生為肉食類之猛獸，貪慾者則轉生為犬為豕，慳吝者必轉生為蟻。實則與其他無數通俗之信仰同基於謬誤之推論。（有若干已揉雜於東方聖典之內。）此外，復本於一種過於褊狹之見，意謂人類轉生，情形複雜，至不可勝數。如聖人之轉生為盜跖，帝王之托生於陋巷，程度高尚者之轉生為最低劣之野人等是也。上乘與正義重生教理，在本書內，以文有竄改，其中意義，真偽莫辨，惟照我人所發見，可得以下之概論：人類生命，受輪迴支配。世人貪求六道粗根感覺，以有內在或宿業牽引之力所致，如藉正智強大作用，則此力可以抑制，而識體可能證道部分，即佔優勢，亡者不致為其自識獸性部分幻現之可怖相狀所控制，得在任何樂土內，度過死亡與重生間之時期，不再進入中有境界，覺性湛然之人，心靈非常奮發，質言之，即偉大成就之瑜珈行者，必入最高樂土，並藉「業之主宰」之導引力，重生人世。依照密教徒之敘述，「業之主宰」雖仍為輪迴之體，而較人類進化程度之高，無可比擬。（《華嚴經》所謂業報佛。）轉生者經過「正法維護者」（意亦指業報佛。）如是導引，即可謂為以悲願入世，普度有情，為人類導師，神聖教士，且為應身之體。然普通重生，係屬較低劣或平凡一類，以重生者缺乏正覺之性，縱經指示方法，亦未賦有辨識之力。如孩童之未習高深數理，不能測算光之速度。故具有獸性之人類，於彼聖者轉生甚深之法，決無獲益之理。加以解渴於「易忘之河」（俗謂飲孟婆湯），即自所謂中有之意生境界，逕入胎門，重墜輪迴。此類較低劣之重生，大部分為亞人生物與人類共有之獸性所支配，以近乎殘暴不仁，如獸者佔多數。惟藉識體純淨人性部分功能之活動而已，究與獸性重生有別，一切亞人生物之識體，雖亦具有人性部分，而以潛伏之故，毫不敏活也。且此人性部分，即以最低劣人類所具者而論，欲其潛伏不動，須經過若干時劫，方有可能。反之，亞人生物識體潛伏之人性部分，其演變至全部人性功能活動地步。需時之久，幾正相等，世俗謬解，獸類識體與人類識體，可以更迭互換。佛教及印度教經典亦有此義。似屬誤解上述上乘或密乘重生教理所致也。

已故近代人類學鼻祖泰勒氏（Dr. E. B. Taylor），於詳細研討本問題之論據後，對於上乘重生教理，許為合理。其語如左：

「……是以輪迴基本觀念，似以人類靈魂重生於新人體內一說，較為率直合理……如獸之人，乃其舊有特性之具體，我人用以表示人性之名詞。如獅、熊、狐、梟、鸚鵡、蝮蛇、蝦蟒之類，無非寓人生之主要個性於言辭耳。」

賽爾特族人信奉之掘魯伊教（耶教前，近乎婆羅門教之歐洲博學教士所傳之有系統宗教），其教法在歐洲方面已證實上文為正確之解釋。

西曆一千九百十一年，余曾在《賽爾特族之神仙信仰》（*The Fairy-Faith in Celtic Countries*）一書內提出意見，謂：（一）率直之掘魯伊教重生教理，在本質上，與西方心理學適相吻合；（二）所謂潛識者，一切往事潛伏之所在；（三）此種往事，並不限於一生。（四）往事既可復現，足證重生教理，係以可以證明之事實為根據。此後西方心理研究之傾向於潛識境界與心理分析，尤堪用作證實余之意見。

嘗余著述《神仙信仰》時，初未料及大生物學家赫胥黎氏（Huxley），竟亦主張轉生理論於平常生理及生物現象，亦供最完善之解釋。

赫氏之證言，不特與上文所述已故近代人類學先進泰勒氏之意見符合。且自西方學理之立場觀之，亦證實東方密理所貢獻之重生教義之上乘或密義解釋，故特附錄赫氏之語於後以為本節之結束。

「事實之可以歸諸遺傳性一類者。我人藉日常經驗，即可明瞭，我人中，人人具有血統或較遠血統之特徵，其尤奇特者，如人生各種狀態中之行動，其意向（即我人所謂之特性）所自，可以遠溯及其遠祖或旁屬之血支。至此特性，即為人類固有道德或理知之原素。確自此肉體移轉彼肉體，世代相傳，新生嬰孩，其遺傳特性，潛伏不動，而其自我之性，亦僅為若干潛勢之集體，惟其實現性，發達甚速，自少至老，其自我性之表現，或為愚魯，或為敏活，或為柔弱，或為堅強，或為邪惡，或為忠誠，如是表現之本性，旋與另一特質纏結變異，成為個性，轉生於新人體內者，即此個性，亦即印度哲人所謂業者是也。」

「按照進化理論，某種胚芽，依其自類發育之過程，例如腎形豆（俗名菜豆或四季豆）種子之生長，成為具有腎形豆一切性質之植物，即其業也。地球上自有生物，相傳數萬萬年，以迄其最後之繼承者，與其所處一切情形之最後結果，其體系始受影響。……」

「如賴斯大衛教授（Pro. Rhys-Davids）在其《赫勃脫演講集》（*Hibbert Lectures*, p. 114）中所云：松雪草者，係即松雪草而非橡樹。蓋因無量數世宿業之結果，恰為松雪草之類也。」

十一、佛家宇宙學說

佛教宇宙學說，本書內不絕提及，而以關於重生教理者為尤甚，以密教徒所傳而論，實為極鉅且繁之一論題，輪迴各道有為我人所居之塵世者，有為天堂樂土著，有為無數滌罪之處名為地獄者，如欲詳析研考，勢將引起無限教理（其源殆出婆羅門教）之顯密解釋，概乎言之。關於宇宙學說之婆羅門教，與佛教教義，如依東方入門教士之觀點，而不依照常恃偏見之耶教語言學家之觀點，審慎觀察之，則其學識似源出遠古，流傳極廣，所涉及者，為天文學，星球體形及其運行，星球世界之遍佈與其系統，且說明何者為固體而可見者（如西方學者所僅悉者），何者為空不可見，而存在於第四空處（無色界）者。

依密教說明，所謂印度教與佛教之宇宙者，中央為須彌山。繞之者有環形香海七。每海間以環形金山亦七。蓋須彌山無異宇宙之軸，一切世界，賴以支持，可以擬作萬有引力中心，如西方天文學所謂太陽系中心之日球。環海環山外層，則為大陸。

密教之宇宙觀念，如以十五層蔥瓣之洋蔥喻之，約略可得其似，蔥瓣所包之心即須彌山，山下為地獄，山上為天道，如帝釋所居之欲界三十三天，與天魔所住之欲界諸天，依業層列更上復有色界大梵天。諸天之頂為最高之天，名無上天（即不退轉土），蓋我人宇宙最遠之點，乃涅槃必經之入口，自塵世至超世，過渡於是，亦即密教涅槃化身普賢聖力加被之地。

與帝釋天國土相齊者，有本書所述八女神之所居。蓋古印度教之女神，梵文稱為「瑪屈利」（Mātris, Mātrikas，神聖的母親之意）者是也。

為天道基石之須彌山中，有四國土，層層矗立。下三層為各部神仙洞府。其第四層，逕居諸天之下，為非天之神國土，即阿修羅界。此界之神，一如耶教所傳之惡魔，係因嗔慢性成，逐出天道，故自生至死，與天道戰鬥，永無止息。

洋蔥最內層，為環須彌山之香海，自內至外之次層為金山；再次層復為香海。如是海外有山，山外復海，為層十四。其最外之第十五層，又為鹹海，四大洲及隸附之諸小洲，即漂集其中。至蔥之外皮，則包圍宇宙之鐵圍山也。

此宇宙之外，尚有彼宇宙。彼宇宙外，尚有宇宙。如是宇宙，數無窮盡，每一宇宙形如廣大之卵。周圍有鐵殼。日月星光不能外映。鐵殼者，象徵各宇宙之永住黑暗，一切宇宙均為自然之律所支配（義同因果）。蓋自佛家觀之，在學理上，實無認定或否認無上創造者存在之必要，以因果之律，具足一切現象之圓滿解釋，其義自明也。

每一宇宙，如我人所居者然，浮於空際，純為藍色以太（ether）交織而成，狀如雙金剛杵。以太之上，為外層鹹海之水。內圈之香海，象徵空層，相間之上，為凝結之空層（即實質也）。自更神祕之觀點言之，則香海微細，金山粗顯，恰如不同之質，彼此相間，而不互入也。

先知摩西之說，創造宇宙為時七日。是以密教所定我人宇宙之範圍，其數字亦往往被視為含有暗示或象徵之性質，不能如實求得。據述，須彌山高出香海八萬英里，深入海中，亦八萬英里。山外香海，深廣亦各八萬英里，繞海之山，高深廣度，則各為四萬英里。次層香海，深廣亦如之。如是毗連相間之各各外層山海，其高深廣度，依次逐層遞減，計自二萬英里，一萬英里、五千英里，二千五百英里，一千二百五十英里。終至六百二十五英里為止。最外始為空間外海之諸洲。洲中主要有四（見本書第二卷），位於四方。左右各有較小之洲。如是大小諸洲，總計十二。蓋如創造宇宙學說，所假定之七數，亦為象徵之數字也。

東方為勝神洲（Pūrva-videha, Viratdeha，東勝身洲），其象徵為新月之形，據逑洲為白色，居民靜寂有德，其容貌亦作新月狀。洲之直徑為九千英里。

南方為贍部洲（Jambu-dvīpa，南贍部洲、閻浮提），即我人所居之地球。贍部者，譯人疑為擬聲之詞。蓋贍部（印度樹名「閻浮樹」〔jambu〕）之果落水之聲也。其象徵為羊肩胛骨，近乎三角之形，或以生梨擬之，更得其似。洲民之貌亦如之。洲色蔚藍，地饒財富。人民善惡雜居。據傳為四洲中最後之洲，直徑僅七千英里。

西方為牛貨洲（Apara-godānīya，西牛賀洲），狀如日球，作紅色，居民亦面圍如日球之狀，威武有力，性嗜食牛，洲之得名以此。直徑為八千英里。

北方為俱盧洲（Uttara-kuru），形方色綠，居民容貌亦方，形同馬面，其生命之維持與需要之供應，俱求之於森林，歿後為出沒林間之幽靈。此為最大之洲，直徑有一萬英里。

諸小洲狀如其所隸屬之大洲，面積僅及其半。贍部洲左之小洲，為羅剎之國。密教偉大上師蓮華生，曾蒞是說法，迄尚居留，為羅剎之主。

探討所示，密教宇宙論隱含精密象徵色彩。例如華台爾博士所述之須彌山，「東面為銀，南面為碧玉，西面為紅寶石，北面為金。」即是證明。古代所用象徵之意義，與《約翰默示錄》中所用者頗為類似。惟欲求關於印度教與佛教宇宙論一切象徵之圓滿正義解釋，縱屬可能，必將逸出本文範圍，一言以蔽之，則啟謎之匙，惟操之印藏密理專門教授之手，據彼等主張，西方學術之關於心物二論，設與東方學理相較，恰如西方及學術部門猶未能窺其堂奧也。

十二、基本教義概述

本文最後數節，將對本書稿本作一檢討。在未檢討前，似宜將本書所據之主要教義，概述於後。

（一）天、人、地獄等輪迴各道之一切可能情狀，純倚現象（色法）而起。換言之，亦即現象也。

（二）一切現象，除以生滅心尋伺外，等於無常非真，如幻不實。

（三）任何處所、神、魔鬼、人，均非實有，亦即現象，待因而起。

（四）因者，五欲之貪求，無常輪迴身之企期也。

（五）此因既無正覺制伏，則死生、生死，永無止息。——即哲人蘇格拉底氏亦如是信念。

（六）中有之身，僅係人道現象成身之連續，而變易其相狀，俱為業力幻化。

（七）人道或任何他道，中有身之狀態，悉依宿業而定。

（八）以心理學證之，中有乃延長之睡夢狀態，入於第四空處，其中充滿幻相，逕由亡者自識變現，業善則愉快，如登天堂。業惡則痛苦，如入地獄。

（九）除證正覺外，逕由業感中有境界，或由其他各道，或由任何樂土，任何地獄，重生人道，實不可免。

（十）正覺為澈悟輪迴或色身非實之結局。

（十一）如是澈悟，在人道中，或逕於人命盡之時，或在中有期內，或在某種非人界內，均屬可能。

（十二）修習瑜珈，為切要之途。瑜珈者，調伏心念，集中意力，以臻正智也。
（十三）如是修習，應由人間上師導引之。
（十四）現劫內，人類所知最偉大之上師，即係喬答摩如來（釋迦牟尼也）。
（十五）喬答摩如來所說之法，並非獨創無匹，蓋即無始來，前乎喬氏一切諸佛，在人道內所傳同一超脫、不入生死輪迴、渡過苦海、證取涅槃之正法也。
（十六）人道或其他各道內，心靈尚未圓覺者，如菩薩與上師等，雖仍未離幻網（意指尚有微細習氣），然對於在菩提道上稍形落後之門徒，亦具有賦予聖恩聖力之能。
（十七）人生最終目的，厥為擺脫輪迴。
（十八）擺脫輪迴，須先證涅槃。
（十九）入涅槃，即不入輪迴，以遠離一切樂土，天界、地獄及其他各道也。
（二十）涅槃為苦之終結。
（二十一）涅槃者，實相也。
喬答摩如來入滅時宣示徒眾其所證涅槃相狀（見《小部．自說經》）其語如左：
「諸善男子，有一界土，非地非水，非火非風，非無邊際，非無盡意，非無實相，無有緣念，非無緣念，非此世界，非彼世界，是以名為，非來非去，非無變易，非死非生，畢竟無有，無有動行，亦無所住，是為滅苦。」

「有所執著，掉舉隨行，無有執著，遠離掉舉，無有掉舉，寂靜頓生，寂靜生故，貪欲不起，無有貪欲，非來非去，無有來去，非死非生，無有生死，無此世界，無彼世界，世界之間，亦無世界，是為滅苦。」

「諸善男子，無變無起，無生無相，設若無此，無變無起，無生無相，無由得出，變起生相，以有如是，無變無起，無生無相，是以可免，變起生相。」[2]

---

2 見：《小部．自說經．第八品波吒離村人品》：「諸比丘！此處無『地水火風、空無邊處、識無邊處、無所有處、非想非非想處』，無此世他世，月日亦皆無。諸比丘！我對此：『不言來，亦不言去，不言住，亦不言死生。彼處無依護，無轉生，無緣境處。』我云此為苦之盡。」「難見為無我，真諦見不易。智人識破愛，彼見無何物。」「諸比丘！無生亦無物，無造亦無作。諸比丘！若無生、無有、無造作者，則所生、所有、所造、所作者，當不出現。諸比丘！無生、無有、無造、無作為者故，生者、有者、能造者、作為者當不出現。」「有依止者有轉動，無依止者無轉動。若無轉動有輕安，若有輕安無有喜，若無有喜無去來，若無來去無死生，若無死生無此世，亦無他世之兩者，兩者之中皆無有，此即成為苦之盡。」

十三、本書稿本

本書稿本編於西曆一千九百十九年，得自紅教寧瑪派之一青年喇嘛，時掛搭於大吉嶺普沙拔斯蒂寺（Bhutia Busty Monastery）。據云，相傳其家，已有數世，稿本彩色插圖，係繪於篇葉之上。而譯人或編者所見其他一切稿本之有同樣插圖者，係另繪紙上或布上，黏附文內。此其不同之點也。稿本得時，篇幅零落，字跡亦間多磨滅。乃以與原本相同之藏紙，逐葉夾裱，易於保存。其彩飾各葉，色雖慘淡，幸存舊觀，篇葉中第一百十一葉，業已佚失。適著名藏文學家，駐加爾加答亞細亞學會祕書孟約翰博士（Dr. Johan van Manen），有本書之木刻版本。經將缺文，照抄一葉補入，始得完整。本書譯英之時，曾始終以此刻本作參證。本書一切要義，以稿本與木刻本，逐字對照，亦無乖異，其佛菩薩名，則因源出梵文，兩本字法，間有出入，文中繕寫之誤，亦各不免。惟稿本遠較近代木刻為古，似屬摹自較古之本耳。

稿本並無年月可稽。經譯人斷定，為一百五十年至二百年前之古物，顯曾經過若干次佛事，若干次誦法之用。是以其年代由來可因其破殘零落，遂據以考訂也。稿本書法甚佳，惟紙為藏人及喜馬拉耶山民族用以繕寫之普通紙。製自樹皮。樹為一種有花之灌木，類似桂樹。花白而微帶紫色。間亦有白而帶黃者。藏寺喇嘛，往往以其皮造紙。哲孟雄人復採以製繩，取其堅韌也。

稿本共一百三十七葉，每葉縱約有九英寸半，寬約三英寸又四分之一。除第一葉全葉及第二葉之前半葉外，每葉文字實佔部位，平均長為八英寸又四分之一，寬約二英寸又四分之一。每葉大都為五行字。然有少數葉僅四行字。標題之一頁（即半葉）則為二行。計長七英寸。寬一英寸。第一葉之後半葉與第二葉之前半葉，即本書「敬禮」部分，約佔篇幅長各四英寸半，寬各二英寸半，與標題之頁，同為黑底金字。圖像共有十四葉。在每葉前後半葉文之中間，詳列如左：

大日如來，與天空佛母抱持。身登獅座。暨第一日之眾菩薩。——十八葉。

金剛薩埵，與藍衣佛母（Mother Māmakī，又作瑪瑪基母）抱持。周圍有第二日之四隨從菩薩。——二十葉。

寶生如來，與佛眼佛母（Mother Sangyay Channa，下文亦作慧眼佛母）抱持。周圍有第三日之之四隨從菩薩。——二十三葉。

彌陀如來，與白衣佛母（Mother Gökarmo）抱持。周圍有第四日之之四隨從菩薩。——二十六葉。

不空如來，與度母（Dölma, Tārā）抱持。周圍有第五日之之四隨從菩薩。——三十一葉。

第六日顯現之各佛菩薩，聯合曼陀羅。——三十五葉。

第七日十持明尊曼陀羅。——四十四葉。

第八日大日如來裸體化身與其佛母。——五十五葉。

第九日金剛薩埵裸體化身與其佛母。——五十七葉。

第十日寶生如來裸體化身與其佛母。——五十八葉。

第十一日彌陀如來裸體化身與其佛母。——五十九葉。

第十二日不空如來裸體化身與其佛母。——六十一葉。

第十三日八寒林女神（Eight Kerima）與人體獸首忿怒女神（Eight Htamenma）。暨第十四日之守護四門明妃。——六十四葉。

第十四日獸首女神曼陀羅。——六十七葉。

圖繪各像之色彩、方位、生態、手印與象徵等，與本書所述一般無二。

稿本內所有圖像，均隸屬第一卷內之實相中有部分，原文每像之名，大都具有梵名。故英譯文內註釋獨豐，一一臚列，並溯其源。

與稿本文字相同之其他版本，從未獲得。是以稿本無法據以校閱。藏中本書稿本，確屬甚眾，而欲得一標準或相同之本，非經多年之搜求不為功。此事惟有留待未來之學者耳。以此我人之稿本，僅能與孟博士所有之木刻版對照一次，而孟本則不過為二、三十年前之舊物。據譯人謂，以彼所知，中國之有木刻版，已數世紀於茲，傳至藏地，亦遠在歐洲印書術發明之先。但藏人知木刻術雖久，而本書之木刻本，則最近在哲孟雄及大吉嶺兩處始得發見。

再據譯人之意，本書，藏中佛教各派恐各有定本。主要教義雖無變更，而其他細節與稿本相較，均不無出入，而以黃教格魯派為甚。其中關於紅教寧瑪巴派祖師蓮華生以及為紅教所特有之佛菩薩名，均經刪去。

西曆一千九百十九年，當余寓居哲孟雄時，英國駐該地政治代表堪布爾（W. L. Campbell）大尉，於七月十二日，自剛渡寓所函告本書各種版本數目。據云：黃教有六種，紅教有七種。而喀覺巴派亦有五種。

我人所得者，既屬最初或紅教之本，而文內又歸功於傳授密教於藏地之蓮華生大上師，故可目為原始本之真實代表，以其內容證之，至少其主要部分，含有佛教以前之宗教教義也。

以我人之稿本而論，本書有兩卷，合成一冊。書末附有十三葉中有禱偈。木刻本則分為上下兩冊，無禱偈文。但在上冊之後，有關於本書源流之重要記述，而為我人稿本所無者，茲依之譯述如下節。

十四、本書源流

就此木刻本而觀，益以藏中其他方面之傳說，可知本書之文始自第八世紀，蓮華生上師時代。或可謂為於彼時始見諸文字。書旋為上師隱匿未傳。迨至本書應機傳世，方為「業地持明」發見。木刻本曾有記載如左：

「書為『Rigzin Karma Ling-pa』（藏名『Rigs-hdzin Kar-ma Gling-pa』）自黃金河畔（Serdan）堪波達山（Gampodar）攜回。」

此中「Rigzin」者，為名位之義。「Karma Ling-pa」者，藏中地名，義為「業地」。據譯人指示，「Rigs」為「Rig」之誤。如以「Rigs」為準，則「Rigzin」應解作「持等」。惟為「Rig」方能合成「持明」之義。蓋種族或一類人之稱謂也。譯人藏有本書另一版本。其中有一小章節，稱業地持明為「寶藏發掘者」（Terton, Gter-bston），即可證實譯人之言。由是觀之，本書為藏中佚書之一。而此項佚書，均為密教創始者蓮華生上師轉身之業地持明所發見者也。

密教（或「可」稱為注重修持儀軌之佛教）在藏中穩植基礎，當在第八世紀較早百年以前，藏族聯合，歸隆贊剛波王（Srong-Tsan-Gampo）（薨於西曆六百五十年）統治。佛法始自兩方面，傳入西藏。一來自尼泊爾（即佛陀上祖之國王），以王曾與尼泊爾公主締婚也。一傳自中國，時為西曆六百四十一年。是年，藏王復娶唐代公主為后。藏王初奉黑教（其原始重生教理，亦堪為入佛之徑），嗣為其崇佛二后所感化，遂改信仰，而以佛教為國教。惟自後毫末發揚。迨至百年後，棄宗德贊（Thi-Srong-Detsan）在位。（計自西曆七百四十年至七百八十六年。）國勢日強，遂延藏民熟知之「珍寶上師蓮華生」來藏弘法。時此著名上師，尚在印度那爛陀（Nālanda）佛教大學教授瑜珈學，而其為東方哲理專家，已名聞遠方。上師生於鄔迦那（Udyāna）（或名斯瓦脫），茲為阿富汗國屬地。

此偉大上師，鑒於此希有時機，立即應王之召，經由尼泊爾入藏，到達三葉

（Samye, Sam-yas）。時為西曆七百四十七年。先是，該地奉王命造寺，寺牆因地震倒塌，相傳為反佛之鬼魔所為，王遂請師鎮壓，鬼魔既除，地震隨止，藏民奇之。七百四十九年，上師親視王寺之成，並首在寺內創藏教僧侶之制。

上師數次蒞藏。居藏之時，梵文密教修持儀規之經，其譯成藏文者為數甚夥。（有現仍保存於各藏寺者。）旋即以適當密教儀式，藏諸不同隱祕處所，同時賜其門徒以瑜珈之力，助其應機轉生（以筮定之）。發掘所藏之經典，暨附埋之寶物，以及本書內所述，應行儀式之必需法器。普通傳說如是。惟據另一方面所傳，則一切「寶物發掘者」各為上師自身之轉生，數世紀內，逐一出土之佛典，約略估計，可集為百科全書一部，計有木刻本六十五冊，每冊平均有普通葉數四百之多。

本書以內容證之，似為藏人之編著。而非直接譯自梵文原本者，應屬諸佚失偽經之一種，其編輯時期，應為密教之最初數世紀，或如經之暗示，適當上師時代，或在不久以後，本書之用於喪儀，遍及全藏，各中雖有專本，而信奉之一致，誠非一朝一夕所致。由是觀之，不特本書教儀之古，無可非議，即我人所斷，源出佛教以前，且至少有一部分屬黑教，亦可藉以證實。此外關於本書之發現應歸功於「寶物發掘者」之主張，亦不得謂為無健全之處也。

我人深知，歐人之評論，於「寶物發掘者」之傳說，頗加非難。然仍有疑歐人評論為不盡合理者，究其所疑，亦不無相當理由。是以我人對於「寶物發掘者」一問題應持之態度，即為虛心接受一切，一俟將來討論資料充分蒐集，自能獲得判定也。本書之為藏地聖典，經已公認，且喇嘛之間用以念誦於亡者靈前，亦有年代，發掘之說，雖經證為不實，然於本書，究無若何影響。僅關於其中主要部分，根據有史以前教義編輯而成之理論，尚有待於修正耳。

關於蓮華生上師本身來歷，藏文論藏中，有數種經論，具有適與符合之相沿教義，殆為彼所編入，按諸此種教義，並按喇嘛間流通之口頭傳說，彼在印度，曾請益於代表八種主要密教修持儀軌之八位上師。

再譯人藏有木刻書一冊，名為《蓮華生開示錄簡本》（*Orgyan-Padmas-mzad-pahi-bkahthang-bsdud-pa*），內載此偉大上師之小傳，但頗涉神怪，書僅十七葉，其第十二葉上第十六節所述，即足證明關於本書源流之史乘，其文如左：

「不見乎第十六節所述，宗教前導之八大持明，一一均為大菩薩之轉生。」

「中央為生地持明（Ugyan-ling-pa）。東方為金剛地持明（Dorje-ling-pa）。南方為寶地持明（Rinchen-ling-pa）。西方為蓮華地持明（Padma-ling-pa），北方為業地持明。此外，尚有三登地（Samten-ling-pa），寧達地（Nyinda-lin），如波地（Shig-po-ling or Terdag-ling）三持明。此八大『寶物發掘者』將降塵世，為余之轉生。」此中所謂「寶物發掘者」均為蓮華生上師轉生之語，乃上師自所宣說。據是書所載，本書之發掘者，位居第五，名為業地，取藏北之地名以為名也。悉與本書木刻本所載相符，此發掘者頓為西藏通俗史中顯著人物，其實在年代固無法確定。至本書木刻本所舉「Rigzin」之名義為持明之人，所以示信教之士，或喇嘛之身分，而「Karma ling-pa」者，兩書俱指藏北岡省信奉原始密教之古藏寺也。

古代教義其初僅憑口傳，迨後形成固體，始見諸文字，其間變異，迨不可免，在注重情態變遷之真理探求者，認為與歲月之逝，同具人類學之意義。本書之歷史與源流，未能確定。是以我人以為應持與之同樣之態度，不能斷定為某一人之著作，亦不能謂為某一時代之產物。本書之歷史縱能徹底明瞭，亦不過為編輯與記述之經歷而已。至其編纂記述時期之為近代，或當上師時代，或尚在其前，此一問題，實際上於本書所據之教義固無關礙也。

本書要義，雖顯有科學上之根據，而以經文變異，偽義雜出。其細目之準確，實不可問。就其廣泛之輪廓而論，似含一種為無數研究宗教者迄今未發見之無上真理，含有與柏拉圖哲理同樣微妙之哲學，又可謂為心靈學，以仍在襁褓中之心靈研究學會所探求者視之，則瞠乎其後矣。西方人士，現正振興，以朝適合新時代之需要。大體上，已脫去中古主義之束縛。且無論奉何宗教，正自人類聖典中，渴求智慧，如是博大精深之學問，其將如何鄭重注意及之乎？

十五、本書之英譯及編纂

本書係經喀齊達瓦桑杜喇嘛，在哲孟雄國之剛渡地方譯成英文，編者雖始終參與其事，而主要之續，仍應屬諸譯人，彼於編者之工作部分，曾以適當之簡語，稱編者為彼之活英文語彙。編者於藏文，無何根柢，力所能為者，亦不過如是而已。

英藏兩種文字，習語結構，迥不相同。譯人與編者曾力求兩者之融會貫通，以期文意之切合，惟譯人間或放棄直譯方法，凡遇意義之可自專門名詞中推求者，譯人寧以實含意義譯成英文，免違原旨。

類似本書之密教經文，最難譯成通順英文，以文內多數章節，簡括過甚，不得不增飾語句（凡有括弧者皆是）以明之也。

耶教聖經，最先譯本，歷經修改。是以本書譯文，或亦不免有待於後人之訂正。歐洲人士，以耶教徒為尤甚，學者次之，其從事探討非耶教經文，往往不能盡撤西方心理之藩籬，以本書意義之奧，文內象徵之豐，西方人士，如欲嘗試直譯，勢必蹈翻譯古梵吠陀經典之覆轍，終引讀者入於歧途而後已。即以藏人言之，苟非為密教徒，而非如譯人之精於密典，則本書亦幾為無字天書，不可得解也。

譯人已故喀齊達瓦桑杜喇嘛（Lama Kazi Dawa-Samdup），為麻爾巴（Marpa，瑪爾巴）及密拉熱巴（Milarepa，密勒日巴）兩祖師手創白教（Kargyutpa）傳缽弟子，深邃密義，虔誠信奉蓮華生上師大圓滿宗之上乘瑜珈教法。曾在不丹地方，自其最後上師處學密理，實習有得。尤奇特者，譯人竟能學貫英藏。是以編者之意，本書譯事，捨譯人外，世無較更適當之學者。茲譯人已將久在封藏之西藏文學與北方佛教寶物公諸西方人士，凡讀本書者，皆當銘感，永矢勿忘。

編者親炙於譯人，達數月，爰籍序文，謹述感懷，並誌敬仰。蓋亦師生間所應有者也。

譯事完成於一千九百十九年，復經譯人，一度修正。時彼適掌教於哲孟雄國（前為西藏屬地）附近剛渡之普廈宿膳學校，蓋國王為藏籍良家兒童而設也。譯人今已圓寂，本書付印時，未能親授，以遂其願，惜哉。

關於書中依字直譯之處，語言學家有持反對之語者。以為直譯，證以實例，或不如專門術語之準確。其言未嘗不當，然編者寧願仍沿一般讀者熟習之舊式文體，保持譯人口述之單純直譯字句。除少數顯著謬誤，必須改正，不輕更動之。

此類書中，不乏爭辯問題。編者所加釋註，不敢妄企普遍之接受，自知亦未能免於違失也。然深信月旦者鑒於本書之翻譯事屬創舉，自必予編者與譯人以相當諒恕也。

以下略述譯人非常之事蹟。讀本書者，必感興味。已故喀齊達瓦桑杜喇嘛者，生於西曆一千八百六十八年六月十七日，系出藏族，世居哲孟雄，家饒地土，尊稱為喀齊者，所以示其地位之高尚也。

少壯之時，好學深思。聞於駐印英國當局。一千八百八十七年十二月至一千八百九十三年十月，為英國政府之翻譯官，駐不丹國之布格柴多阿（Buxaduar）地方辦事。（晚年亦曾充西藏政府之翻譯官。）即於是地，遇諾布（Norbu）上師。諾見聞廣博，嚴守苦行，時人稱為隱士上師。譯人旋就受祕密灌頂。譯人曾密告編者，其為門徒時，雖未灌頂，已摒擋一切，冀絕塵寰，乃其尊人，年事已高，召之返俗，喻以為承嗣者應盡之職，並速之成家，以延嗣續。譯人不得已從之。婚後，生子二女一。一千九百零六年，譯人應哲孟雄國王之命，主持剛渡之學校。

一千九百十九年，編者因大吉嶺警長巴哈杜君（Mr. S. W. Laden La, Sardar Bahadur）之介紹，遂與相識。巴哈杜者固亦藏籍之著名佛學家也。一年以後（即一千九百二十年），譯事既竣，譯人就加爾加答大學之聘，充藏文講師。喜馬拉耶高地民族，往往不適於加地之熱帶氣候。不幸譯人因是懼命，圓寂於一千九百二十二年三月二十二日。

譯人學識完備，其著作之堪以記述者，厥為一千九百十九年加爾加答大學印行之《英藏字典》（*English-Tibetan Dictionary*），與同年吳約翰爵士（Sir John Woodroffe, pseudonym, Arthur Avalon）在倫敦出版之《密教修持法彙》（*Tantrik Texts*）第二卷，英藏合璧，《時輪金剛修持法》（*Shrichakrasambhāra Tantra*）。此外，尚有加爾加答亞細亞學會發行之小品數種。譯人身後復遺有英譯重要藏籍多種，迄未付印。其中數種，已歸編者。其餘則為洛斯爵士（Sir E. Denison Ross）及堪布爾上尉所有。

譯人一生，敬奉藏中各智慧大師之教法，入滅後，其遺著《中有聞教得度密法》英譯本，復公諸全球英語人士，其人其書，共垂不朽，則編者所願也。

《宗鏡錄》云：「夫一切諸法，隨緣幻生。體用俱無，隱顯互起。或多中現一，一中現多。若不知起盡之根由，則任運但隨境轉，或隨好境而忻集，或逐惡緣而怖生。若能明了一切凡聖等法，悉是自心境界。以此一印。眾怖潛消。」

【第一卷】

命盡中有與實相中有

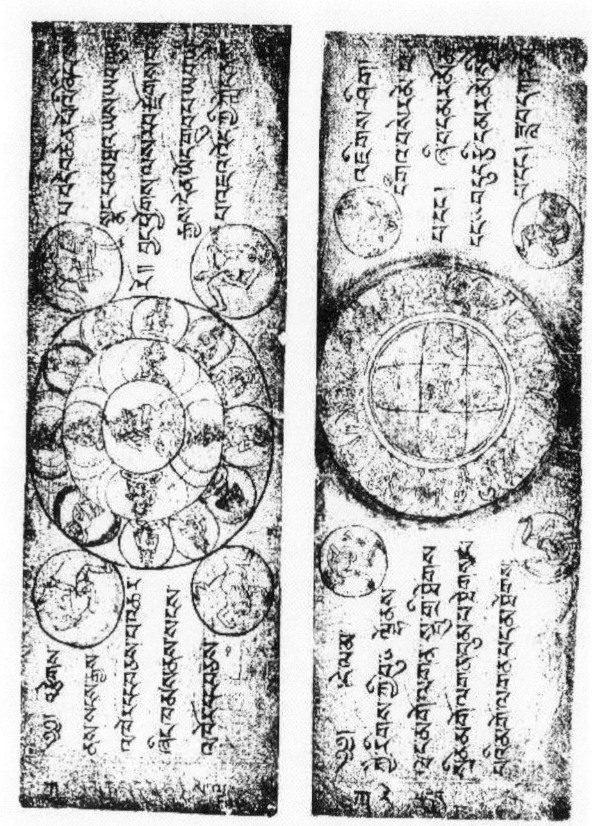

敬禮

稽首法身，不可思議，無量光佛。
稽首報身，蓮花安樂，忿怒部尊。
稽首應身，護佑有情，淨聖蓮生。
稽首本宗，三身上師。

導言

此中敷陳，「中有聞教　得度密法」，凡智信士，在中有時，聞法頓獲，心靈自由。如是密法，計有三分；修道次第，教言如題。最後結述，修道次第，為諸有情，解脫根本，先應循序，實練熟諳。

遷移神識

上智信士，學而時習，修道次第，必能脫去，生死束縛。如不脫縛，則當命盡，中有之際，回憶生前，修習遷識[1]，如法而行，自然解脫。凡智信士，修菩提道，亦應能脫，生死束縛；如不可能，應值中有，實相當前，恆心領受，「中有聞教，得度密法」。所以亡者，應先依照，「觀察一切，死亡表徵，自救教法」，周密觀察。於將死身，逐漸發現，死亡特徵；觀察完訖，當施遷識，如教回憶，即可解縛。

誦法須知

遷移神識，施行有效，念誦本法，自無必要。如屬無效，當傍遺體，

1 即頗瓦法。

念誦本法，誦時務須，正確明晰。設無遺體，誦師應佔，亡者生前，曾用床椅；闡明此中，真實法力。次當召喚，亡者靈魂，思維亡者，如在諦聽，然後開誦；毋令親友，號泣悲嘆，不利亡魂。遺體如在，則當亡者，氣絕之時，或由喇嘛，曾為亡者，生前導師；或為亡者，信仰法侶；或為亡者，生前密友，附耳念誦，但毋觸耳！

誦法實施

力若能備，廣大供養，亟應虔誠，敬奉三寶。此如不能，當就所有，不論何物；一心思維，視作廣大，無限供養，敬禮加持。次應念誦，偈文七遍，或廿一遍；懇切祈求，諸佛菩薩，相助成就。次念偈文，護佑亡者，中有之際，勿生恐怖；再念偈文，拯出中有，勿令亡者，因業墮落。同時當誦，六種中有，警策偈語，均應如教，清晰朗誦。最後方念，本法七遍，或廿一遍，視所需要。初令亡者，目睹自身，死亡特徵；次令明晰，記憶教言，俾在中有，親證實相。亡者如在，中有求生，亦令如教，閉塞胎門。

【第一章】

命終之時變化狀態

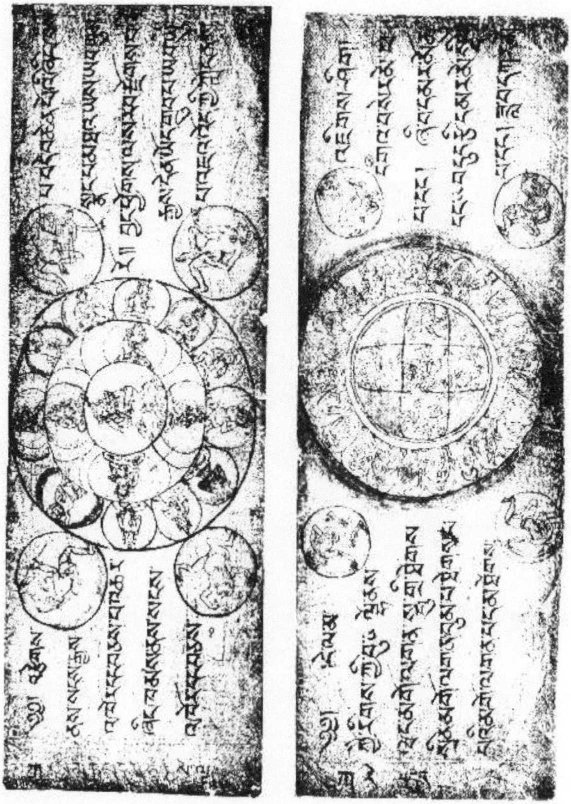

命盡中有，初期明光

命盡中有，面對明光，導示如左：

或有聞法，未能領悟，或已領悟，不能熟識；然諸有情，如已聆聞，修道次第，再聞本法，頓時面對，根本明光，不入中有。由此偉大，直上途徑，立即證取，無生法身。

如能延致，亡者生前，灌頂上師，親為誦法，最易成就。如不可能，則可延請，同門法侶，或延本宗，高明大德；如仍不能，則可覓人，照書念誦，正確清晰；念誦遍數，多多益善。於是亡者，定將記憶，前所聞法，頓時證入，根本明光；同時脫去，生死束縛。

亡者出息，已絕之時，身體靈熱，必已沉入，智慧中脈。（肉團心也。）能知之識，立時證驗，本有明光。此時靈熱，既已下沉，必然流入，左右兩脈；中有狀態，於此現前。上來指示，應俟靈熱，經過中脈，突入左脈，方適施用。至於靈熱，流動時間，須視亡者，吸息久暫；

或等常人，餐飯時間。

亡者生前，遷升神識，如已有效，彌留之際，最為有益。如未生效，當向亡者，訓示如次：

尊貴佛裔（或呼其名）：爾若尋求，真實大道，時期已至。爾氣將絕，上師使爾，面對明光；今在中有，爾將親證，明光實相。明光所被，一切空虛，一如青天，萬里無雲。爾之神識，無瑕無蔽，猶如真空，通體透明，無中無邊；此時爾應，認識明光，於中居住。余亦同時，佐爾證入。

亡者出息，未絕之際，當附其耳，如是念誦，不計遍數。深刻印入，亡者之心。出氣將絕，當令亡者，傾臥右側，如為雄獅，睡眠之狀。緊壓喉部，右邊動脈，勿任跳躍。設或亡者，欲入睡眠，或竟深入，睡眠狀態，當令清醒；一面輕壓，喉部動脈，惟勿脫指。靈熱由此，得留中脈，不復下沉，必將經由，梵穴而出。面對明光，自此實施。

此時有情，所見中有，最初明光，即係法身，無垢實相。出息已絕，入息未絕；在此時期，常人以為，識心已滅，其實靈熱，尚停中脈。停留久暫，純視體格，脈及靈熱，或強或弱。亡者生前，如於禪定，曾略習練，或具強脈，靈熱停留，為時必久。

面對明光，開始之時，上來訓言，應續念誦。非俟亡者，身體各竅，黃液流出，不能停止。如有亡者，生前作惡，或無強脈；靈熱停留，彈指之頃。或亦等於，餐飯時間。依照密教，修法普述，停留時期，三日有半；其他密法，大都傳述，四日為期。遍此時期，導證明光，不得中輟。

如有亡者，能自覺察，死亡表徵。同時應能，證入明光，無須人佐。如屬不能，再延上師，或由格西，同門法侶；將應顯現，死亡徵象。次第詳述。活潑印入，亡者之識。先當密語，重囑如左：

地變為水，徵象已至。

（附註）死亡徵象，主要計三三。「地變為水」，體覺重壓。「水變為火」，體覺寒濕，如浸水中。俄而寒濕，逐漸消失，變成潮熱。「火變為風」，此時似覺，體被風吹，成為微塵。每次變相，身體外部，亦然顯現。例如面部，肌肉鬆弛。耳不能聽，目亦失視，呼吸常喘，知覺旋失。誦法喇嘛，熟諳情形，於中有身，脫離軀殼，所顯現象，自能一一，認識無誤。

死亡徵象，畢現之際，應即附耳，細聲密語，囑令亡者，一心決定。

尊貴佛裔（如屬僧侶，改稱大德），心毋狂亂。

亡者如為，同門信徒，或為常人，應呼其名，如是密語：

尊貴佛裔：所謂死亡，今已臨爾。心中應作，如是決定：

「今茲報盡，命終之際，余應乘機，如此決定。愛憫普益，無量世界，一切有情，精進不懈。期獲惟一，圓滿佛道。」

當在亡後，實證中有，明光法身，普利眾生。心中既已，如上思維，應悟已證，明光法身。定將獲得，大手印地，最大利益。同時應具，如是決心。「縱余不能，實證明光，心已決定，認識中有。並已了悟，中有實相。願於將來，現種種身，利益世界，種種有情，有情不盡，我願不盡。」心持斯願，勿稍游移；對於生前，日常修持，禮佛功課，亦當一一，記憶勿忘。

念誦之時，務須附耳，清晰囑告，一一深印，亡者之識。俾所持願，剎那不離。出息絕後，緊壓亡者，睡眠之脈。亡者如係，教理湛深，職位較崇，密教高僧，囑告如次：

同門大德，爾正經歷，根本明光，即應安住，明光之中。

亡者如非，同門法侶，則應密語：

尊貴佛裔（並呼其名）：注意諦聽。實體明光，燦爛四射，
已現爾前，爾應認定。復次佛裔：爾所具智，實際本空，
如質如色，同屬空幻，毫無具體；此智即係，明光實相，
普賢法界。爾智雖空，切莫視作，無體之空。其實此智，
不遮不礙，光彩燦然，活潑潑地，愉快安適。與清淨識，
普賢佛性，一般無二。爾所具智，空無體相，不離淨識。
二者契合，即達圓滿，法身境界。如是淨識，光明真空，
不離光體，不生不滅，亦即彌陀，無量光佛。上來足證，
爾智真空，無非佛心。亦即自有，清淨本識。自當永久，
安住佛心。

清晰念誦，三至七遍。能令亡者，回憶生前，上師祕傳，甚深佛法。次令得知，清淨本色，即係明光。識光融和，法身亡者，永久契合。生死束縛，必能解脫。

命盡中有，後期明光

上來念誦，完畢之後，明光顯現，當可認識。生死束縛，亦可解脫。設有亡者，茫不辨識，尚可證入，後期明光。出現之時，約等亡者，息絕之後，餐飯時間。

（附註）初期明光，即係實相，光亮法身；如因業力，不能辨識。光色變暗，尚可憑藉。

初步明光，停留久暫，純視亡者，身體各脈，或強或弱。或在生前，已否聞法。依人業力，或善或惡。靈熱下流，或經右脈，或經左脈，或自梵穴，或自他孔，脫離身體；此後心地，豁然開朗。

（附註）靈熱識體，離身之時，亡者即入，昏沉狀態。此時已見，初期明光。

昏沉略滅，所見明光，光色變暗。譬之擊球，初躍甚高，再躍三躍，逐漸低落。終至落地，不能再起。識體離身，亦然如此。初離上升，逐漸下沉。終因業力，托胎重生。

識體離身，即自設問：「今已死乎，抑尚未死？」大惑不解。同時似睹，戚屬友侶，一如生前。慟哭哀悼，並復聽聞。斯時自身，業力所幻，可懼現象，尚未顯現。地府主宰，所屬鬼魅，恐怖境界，亦未出生。在此時期，亟須指導。

虔誠亡者，有已成就，有尚未成，僅能觀像。如屬前者，三呼其名。反覆密誦，證悟明光，上來訓語。如屬後者，則當加誦，生前供奉，護佑之尊。觀想儀軌，囑告如次：

尊貴佛裔，爾應觀想（某某佛名）護佑之尊。心毋慮亂。一意虔誠，觀想佛像。如水中月，雖無似有，視同具體。

深深印入，亡者之心。如係常人，則令觀想，觀自在像。
如是誦念，縱令亡者，不證中有，決定認識，毫無疑義。
亡者生前，曾聆訓示，面對明光，以未熟習，不能逕自，辨識中有。
應由上師，或由同門，如法密語，活潑印入。
或有亡者，業已熟習，因病暴死，心靈不能，抗拒幻相。如是訓語，
至極需要。又如亡者，前雖熟習，宿願未酬，受恩未報，以致墮入，
可憫境界。上來訓語，亦不可少。
初地中有，及時悟證，最為上乘。如不了悟，則當二地，中有期內。
亡者可藉，清晰念誦，恢復本智，解脫束縛。
二地中有，亡者之身，純係幻體。不知自身，生死存亡。心地則已，
豁然開朗。上來訓語，念誦有效。子母實相，即時和合。有非業力，
所可支配。明光顯現，業力消散。譬如日出，黑暗頓除。

（附註）禪定所證，係子實相。中有所證，平衡狀態，即母實相。
二地中有，亡者之身，無非意識，能知之智。流動所及，尚有範圍。

此時念誦，如能奏效，所期目的，當可到達。蓋因此時，業力幻境，尚未現前。亡者不致，被迫流蕩，捨離覺性。

【第二章】

實相中有，業力幻相

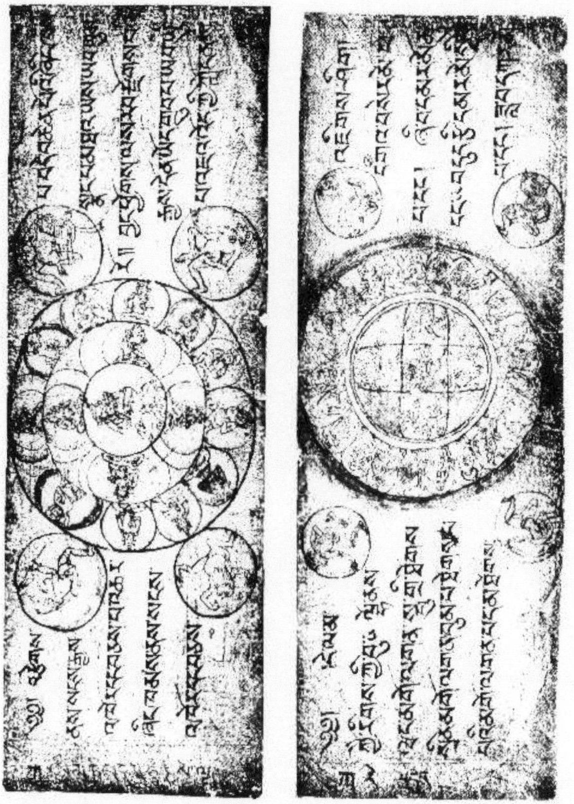

初地明光，雖未證入，如能辨別，二地明光，生死束縛，仍可解脫。
如再不解，實相中有，立即顯現。
實相中有，業力幻相，自此現前；應即念誦，所需訓語。效率頗巨，利樂亡者。此時亡者，已能目睹，所設供享，業已撤除；返顧自身，裸無衣著。生前臥室，亦在掃除；同時聽聞，親屬友好，哭泣哀悼。目擊親友，並聞呼名。試喚彼等，若未聽聞。中心懊惱，廢然引逝。此時所觸，聲色光線，心生畏怖，體復疲勞；應令亡者，證入三地，中有實相；並呼其名，清晰正確，念誦如次：

尊貴佛裔，注意諦聽，心毋慮亂：
中有境界，可別為六：初名處胎，二為夢境，三為禪定，四係命盡，五為實相，六即投生。
尊貴佛裔，爾應經過，命盡中有，實相中有，投生中有。
本日之前，爾已經歷，命盡中有。明光雖顯，茫不辨識。
是以爾心，流動不定。今當面對，實相中有，並須經歷，投生中有。

心毋狂亂，諦聽念誦，及時悟證。

尊貴佛裔，所謂死亡，今茲已臨。爾已身離，娑婆世界。

世界眾生，難逃死亡，爾亦如是。切毋貪愛，意志不堅，

執著生存。縱令得生，不能久存。流轉生死，毫無所得，

是以塵世，不可留戀。意志堅定，敬持三寶。

尊貴佛裔，實相中有，如現任何，恐怖境界。下文偈語，

永久勿忘。心解其意，切勿畏縮。認識中有，根本祕訣，

即在於是：

「實相中有，今現余前，余已證知，恐怖幻相，無非自識，

反映而成。亦即中有，自然現象。畏怖之念，今已盡去。

是以值此，期求成就，重要時際，對於一切，自識變現，

安樂忿怒，佛菩薩尊，余已決定，不復畏懼。」

尊貴佛裔，爾應清晰，背誦偈文，心解其義，勇進不退。

不論任何，恐怖顯現，決可認識，中有實相。如是祕法，

憶持勿忘。

尊貴佛裔，身心分離，爾應已觸，真實曙光。微妙陰細，光芒射目，心為之悸。恰如春天，無邊景色。海市蜃樓，閃動其中。爾應鎮定，心毋驚恐。應知即係，自心發光。此時實相，本有聲音，自光淺出。有如萬千，雷鼓齊鳴。此亦自身，所發之聲，切勿驚懼。

爾現具身，純係習氣，意生之體。此時既無，血肉具體，聲色光線，不復傷爾。如是現象，自識所成。爾應認識，此即中有。

尊貴佛裔，爾如不明，自識幻相。縱令生前，曾習禪定，禮佛修持，此項誦法，如未聽聞，現時所遇，聲色光線，定生怖畏。如復不明，本法要訣，不能認識，聲色光線，原有實相，決定流轉，生死海中，不可復出。

初週證入安樂部尊

假令亡者，雖經迭次，導示本法，一如常人，為業所縛，歷盡中有，四十九日。最初週內，安樂部尊，次第現前。逐日所見，或須克服，苦難危急，有如下述。依照經文，最初一日，約自亡後，三日有半，或自四日，以後計算。在此期內，亡者已悟，身死離世，將求重生。

第一日誦法

尊貴佛裔，爾已昏沉，三日有半，識覺恢復，爾將尋思，究在何處。已入中有，應即安之。斯時生死，正在流轉。所睹現象，無非光焰，無非佛像。此時天空，蔚藍晴明。大日如來，遍體白色，身登獅座，手持法輪。（計有八幅。）天空佛母，兩手抱持。出自中央，法界種土，現臨爾前。

此即色蘊，法爾藍光。大日如來，現報身像。胸射藍色，
法界智光，遍照爾身。目為之眩。同時天道，黯淡白光，
亦臨爾身。
如因惡業，目觸藍色，法界智光，即生畏怖，而欲逃避。
對於天道，慘淡白色，反生喜悅。
爾應對於，閃耀明亮，藍色佛光，勿驚勿駭。當知此即，
法界智光。堅定信仰，向光祈求。心中思維，此光係自，
大日如來，胸中發射。中有危阱，藉是可出。此光可謂，
如來恩光。
天道白光，慎勿貪愛。如稍貪戀，爾將立時，身遊天宮。
終淪六道，輪迴之中。解縛之道，自此即止。是以爾應，
堅具信心。目睹藍光，觀想如見，大日如來。隨同誦者，
虔誠祈禱：
「無明束縛，流轉生死，法界智光，炳然照耀。謹懇如來，
導引在前。天空佛母，護佑於後。安全經過，中有陷阱，

終入究竟，圓覺佛地。」
虔誠稽首，如上祈禱。爾身將在，霓光輪中，交融流入，如來胸中。立時獲得，報身佛道。住入中央，不退轉土。

第二日誦法

最初一日，雖已導示。亡者或因，嗔怒業力，懾於佛光，而欲逃避。惑於幻相，祈禱失效。則第二日，金剛薩埵，率領一切，隨從菩薩，顯現接引。生前所造，應墮地獄，一切惡業，於時亦現。此時應呼，亡者之名，念誦如次：

尊貴佛裔，心無煩亂，一心諦聽。第二日者，水大淨相，發射白光。不動如來，現報身像，金剛薩埵，遍身藍色，

持金剛杵，身登象座。藍衣佛母[2]，雙手抱持。地藏菩薩，
彌勒菩薩，嬉舞女神，持花女神，前後擁護。出自東方，
最勝樂土，現臨爾前。
金剛薩埵，現雙身像。胸射白色，圓鏡智光。透明燦爛，
普照爾體，目為之眩。此光即係，識蘊實相，大圓鏡智。
同時地獄，發射暗淡，灰色光線，亦來勾攝。
如因嗔業，目觸白光，爾將畏怖，意欲逃遁。對於地獄，
暗淡灰光，反生喜欲。
應知白光，透明耀目，無非識蘊，大圓鏡智。金剛薩埵，
恩光接引，勿須恐怖。虔誠信仰，心求庇護，禮拜祈禱。
爾應了悟，金剛薩埵，白色佛光，前來接引。光端如鉤，
鉤爾出離，中有陷阱。
對於慘淡，地獄灰光，慎毋貪愛。此爾生前，忿怒惡業，

2 Māmakī，又譯作「瑪瑪基母」。又作「忙莽雞」，譯曰金剛母。《大日經疏十》曰：「金剛母，所謂忙莽計。忙言母義，莽計亦是多義，即一切金剛之母，謂金剛智慧從此生也。」

積集成力，吸入地獄。如為所惑，定墮地獄。受諸苦難，永不得出。解縛之道，終為遮止。是以爾應，心意堅定。目避灰光，勿生嗔怒。

（附註）亡者目睹，戚屬後嗣，爭奪遺物。或見僧侶，誦經爭酬，必生嗔怒。文中所戒，即係指此。

對於白光，應生信心。觀想如見，金剛薩埵，祈禱如次：

「生前嗔業，流轉生死，大圓鏡智，照耀途次。如來報身，金剛薩埵，接引在前。藍衣佛母，護佑於後。安全使度，中有陷阱。終入究竟，圓滿佛地。」

虔誠稽首，如是祈禱。爾身將在，霓光輪中，交融流入，如來胸中。立時成就，報身佛道。住入東方，最勝樂土。

第三日誦法

或有亡者，惡業障重，我慢覆蓋，雖聞誦法，目擊光鉤，戰慄逃避。則第三日，寶生如來，與其隨從，菩薩神祇，在前接引。人道發光，同時照耀。再呼其名，念誦如左：

尊貴佛裔，一心諦聽。三日已臨，地大本質，將發黃光。寶生如來，周身黃色，手持寶物，身登馬座。慧眼佛母，雙手抱持。來自南方，光榮佛土，照耀爾身。空藏普賢，兩大菩薩，念珠女神，持香女神，六位共現，菩提之身。自霓光圈，顯臨爾前。如是黃光，具足光球。球之四周，眾星環拱。光芒四射，燦明閃燦，目為之眩。此光即係，受蘊本質，平等性智。旁有暗藍，人道黃光，並行發射，逕觸爾心。

我見深故，睹此黃光，光耀炫目，定生戰慄，意欲逃避。
對於人道，暗藍黃光，反生喜悅。
應知黃光，透明耀目，受蘊實相。心毋緊張，虔誠仰受。
爾雖未發，虔信祈禱。須知此光，即係自身，本識發射。
佛體與光，流入爾體。不可分離。自此爾可，獲得佛道。
縱未辨識，自識之光。爾應信仰，思維即為，寶生如來，
所發恩光。並應祈禱，求其護佑。應知此係，寶生如來，
恩光之鉤，亟應信仰。
慎毋貪愛，人道所射，暗藍黃光。此係我見，強力積聚。
如為吸引，復生人道，生老病死，束縛仍存。永不脫離，
污濁塵世。解縛之道，亦即終止。切勿注視。消除我見，
斷盡習氣，勿為誘惑。同時應信，炫目黃光。一心無二，
觀想如見，寶生如來。祈禱如次：
「我見業盛，流轉生死。平等智光，途次照耀。寶生如來，

接引在前。慧眼佛母[3]，護佑於後。安全使度，中有陷阱。終入究竟，圓滿佛地。」

虔誠稽首，如是祈禱。爾身將在，霓光輪中，交融流入，如來胸中。成就南方，光榮佛土，報身佛道。

第四日誦法

縱令亡者，智力薄弱，上來誦法，當使得度，毫無疑義。間有亡者，雖已聞法，或因生前，罪業深重，未發宏願。或無慧根，不能領悟。貪癡重業，幻成巨聲，可怖烈光。亡者畏懼，定欲逃避。在此情景，彌陀如來，第四日間，與其隨從，菩薩神祇，現前接引。同時並有，貪吝所變，餓鬼道光，照臨爾身。再呼其名，誦念如次：

3 即佛眼佛母。

尊貴佛裔，一心諦聽。今屆四日，火大本質，將發紅光。
彌陀如來，周身紅色，手持蓮花，乘孔雀座。白衣佛母[4]，
雙手抱持。復有觀音，文殊菩薩，伽陀女神[5]，持燈女神[6]，
現正覺身，來自西方，極樂世界。自霓光中，照耀爾身。
彌陀如來，與其佛母，胸發紅光。光球四周，眾星環拱。
光體透明，閃爍耀目，直入爾心，不敢逼視。應知此係，
想蘊本質，妙觀察智。勿生畏懼。
同時復有，餓鬼道光，暗紅為色，並行發射。勿生喜悅。
慎毋貪愛。貪業重故，見此智光，心為之悸，意欲逃遁。
反於暗紅，餓鬼道光，心生歡喜。
紅光透明，閃爍炫目。應知此係，無分別智。心毋畏懼。
應即辨識，虔誠信受。爾身與光，交融不離。立可成就，

---

4 Pandaravasini, Gökarmo，阿彌陀佛佛母。
5 Ghirdhima。
6 Āloke。

圓滿佛道。

如不證悟，應作思維，彌陀恩光，余應皈依，稽首祈禱。應知此係，彌陀如來，恩光之鉤，信受勿遁。縱爾逃避，光鉤追隨，不離爾身，切勿畏怖。暗淡紅色，餓鬼道光，勿為誘惑。此係自身，貪著積業，反照爾身。如再執著，爾將墮入，餓鬼道中。飢餓奇渴，苦不能忍，超脫難期。解縛之道，自茲終止。是以對於，暗淡紅光，慎勿貪戀。摒除一切，積集習氣。決定信受，炫目紅光。一心敬仰，彌陀如來，與其佛母。祈禱如次：

「貪業熾盛，流轉生死。無分別智，光現途次。彌陀如來，接引在前。白衣佛母，護佑於後。安全使度，中有陷阱。終究成就，圓滿佛道。」

虔誠稽首，如是祈禱。爾身將在，霓光輪中，交融流入，彌陀如來，佛母胸中。成就西方，極樂世界，報身佛道。

第五日誦法

上來誦法，亡者聽聞，決定脫縛。或有有情，累世積習。未能摒除。或因惡業，或因嫉妒，聞法之後，目擊強光，耳聞巨聲，定生戰慄。恩光之鉤，不能追及。四晝夜後，迷惘下墜。不空如來，與其隨從，菩薩神祇，發射恩光，前來接引。嗔業所感，阿修羅道，同時發光，亦來吸引。應再呼名，誦念如次：

尊貴佛裔，一心諦聽。現屆五日，風大本質，將發綠光，照耀爾身，不空如來，周身綠色，手中持有，雙金剛杵，身登鵬座。救苦佛母[7]，雙手抱持。金剛手尊[8]，除蓋障尊[9]，

7 Dölma，綠度母。

8 Chag-na-Dorje, Vajrapani。

9 Dri-chha-ma (Skt. Gandha)。

散香女神，供養女神，六位俱現，菩提之身。來自北方，
無上妙行，成就佛土。於霓光中，顯臨爾前。不空如來，
與其佛母，胸發綠光，具足光球。四周復有，眾星環拱。
透明閃爍，目為之眩。直射爾心，不敢逼視。當知此係，
行蘊轉變，成所作智。亦即自身，本有之智。勿生畏心，
安住其中。
阿修羅道，暗綠嗔光，同時發射。心毋偏倚，勿迎勿拒。
慧根如淺，切勿貪愛。
嗔業重故，目擊綠光，心生戰慄，意欲遁匿。反於暗綠，
修羅道光，心生喜愛。
綠色智光，透明耀目。亟應認定，安住其中。勿生畏怖。
心中或作，如是思維。此光即係，不空如來，恩光之鉤。
應即信受，勿畏勿懼。縱爾逃遁，光亦追隨，不離爾身，
切勿恐怖。對於暗綠，修羅道光，勿生喜愛。此係嫉妒，
甚深業力，發光反照。如為吸引，則將永墜，阿修羅道。

戰爭不已，苦不可耐。解縛之道，自茲終止。是以對於，
暗綠之光，慎勿貪戀。摒除積習。決定信仰，炫目綠光。
一心禪定，祈仰如來，與其佛母。祈禱如次：

「嗔業力重，流轉生死。成所作智，光現途次。不空如來，
導引在前。救苦度母，護佑於後。安全使度，中有陷阱。
終究成就，圓滿佛道。」

如是虔誠，稽首祈禱。爾身將在，霓光輪中，交融流入，
不空如來，度母胸中。立即獲致，報身佛道。居住北方，
無上妙行，成就佛土。

第六日誦法

上來五日，逐日導示。縱有輕微，業力牽引，應能證入，任何一尊，

立登彼岸。然有眾生，迭聞誦法，終因強盛，妄執習氣，並於正智，
素乏諳習。或乏愛樂，將為自己，惡習所阻，懦縮不前。誦法導示，
不暇顧及。恩光之鉤，亦不能及。反於綠光，畏懼驚怖。徘徊歧路，
更復下墜。
五方禪佛，現雙身像。各有隨從，諸大菩薩。旋即放光，協力加被。
同時六道，輪迴業光，亦復放射。再呼其名，開始導示：

尊貴佛裔，迄至日昨，五方佛尊，逐一放光，加被爾身。
以爾宿業，聞法不悟。見光畏懼，因循徘徊，至於此時。
若爾了悟，五佛智光，自識流出。應已融入，五方禪佛，
任何一尊，虹霓光輪。頓時證得，報身佛道。今茲爾應，
一心諦視，五佛四智，合體之光，前來接引。應善辨證。
尊貴佛裔，今已六日，地水火風，四大本質，齊放光明。
大日如來，與其佛母，隨從菩薩，來自中央，法界種土，
發光照耀。金剛薩埵，與其佛母，隨從菩薩，來自東方，

安樂部尊大曼陀羅

最勝樂土，發光照耀。寶生如來，與其佛母，隨從菩薩，
來自南方，光榮佛土，發光照耀。彌陀如來，與其佛母，
隨從菩薩，來自西方，極樂世界，發光照耀。不空如來，
與其佛母，隨從菩薩，來自北方，無上妙行，成就佛土，
霓光輪中，發光照耀。
尊貴佛裔，大圓光內，五禪定佛，與其佛母。大圓光外，
四忿怒尊，四門守護。勝利明王。大威德尊。馬頭明王。
甘露明王。各有明妃。持鉤持索，持鎖持鈴。天道之佛，
無上威權。修羅道佛，堅甲佛尊。人道之佛，釋迦雄獅。
畜生道佛，不動獅子。餓鬼道佛，名曰焰口。地獄道佛，
號為法王。上來守門，雙身八尊，六道導師，與夫一切，
勝利之尊，同時放光，照耀爾身。
普賢佛父，與其佛母。十方諸佛，源所自出。二尊亦來，
放射光明。如是具足，光榮威權，四十二尊。出自爾心，
淨菩提性。放光來攝，善自辨認。

尊貴佛裔，此諸勝境，非在身外，出自爾心。心之四隅，
與心中央，形成五方。自彼放光，照耀爾身。彼之諸尊，
亦非外來。法爾存藏，自識體內。是以爾應，如是了悟。
尊貴佛裔，諸尊之體，非大非小，隨感而現。各有莊嚴，
各陳光色，各具坐姿，各登寶座，所持標幟，亦自各別。
如是諸尊，分成五聚。每聚五尊，各現雙身。五聚周圍，
有五光圈。男身菩薩，形同佛父。女身菩薩，形同佛母。
如是五聚，佛菩薩眾，集成整個，大曼陀羅。向爾密集，
放光攝照。諸尊係爾，護佑之尊。是以爾應，如是了悟。
尊貴佛裔，五部雙身，諸佛菩薩，各從胸間，放射四智，
聯體之光。極度清淨，有如日光，搓織成線。照耀加被，
並觸爾心。
四智光線，今當詳述。法界性智，發射藍光。形同光球，
有如反照，青藍玉杯。一一光球，周圍各有，較小光球，
燦爛閃明。各小光球，並復繞有，更小光球，其數有五。

外層尚有，同色星光，為數亦五。如此層層，周匝圍繞，
光線中心，光線邊際，炫耀無比，照臨爾前。金剛薩埵，
胸間發放，大圓鏡智，白色光線，閃明炫耀。大小光球，
層層圍繞。一一光球，如鏡反照。照臨爾前。
寶生如來，胸間發放，平等性智，黃色光線。大小光球，
層層圍繞。一一光球，形如反照，金色之杯。照臨爾前。
彌陀如來，胸間發放，妙觀察智，紅亮光線。大小光球，
為數各五，層層圍繞。一一光球，形如反照，珊瑚之杯。
光線中心，與其邊際，極度明耀，照臨爾前。
四色光線，同時如是，逕射爾心。
尊貴佛裔，各各光線，照臨爾身。非自外來，自心映變。
勿為吸引，不可懦怯，亦毋畏懼。攝心入定。所現各相，
所見各光，自與爾體，融合為一，證得佛道。
此時獨無，成所作智，綠光照攝。爾之智能，猶未發達，
不相應故。尊貴佛裔，此即名為，四智合光。由是得達，

金剛薩埵，引攝趣入，真空密道。
此時爾應，憶念生前，上師口授，甚深密法。如憶其義，
當已辨識，各各光線，由心反映。如見故友，一望即知，
深信不疑。又如遊子，歸認其母。
若爾信解，淨聖實相，性無變異。心念平靜，住於禪定。
舉體投合，圓滿覺性。立時證得，報身佛道，不復退轉。
尊貴佛裔，四智聯光，發射之時，六道輪迴，不淨幻光，
同時亦射。彼光如何？蓋即天道，微白之光。修羅之道，
暗綠之光。人道所射，淡黃之光。畜道所射，藍色淡光。
餓鬼道射，淡紅色光。地獄道射，煙霧之光。如是劣光，
與四智光，同時集射。切勿恐懼，毋為所動。但自鎮靜，
住於禪定。
如對清淨，四智之光，心生怖畏。而於六道，所射穢光，
反生愛著。爾將投生，六道之中，任何一道。歷盡生死，
輪迴痛苦，如是流轉，生死海中，飽受苦惱，不能得出。

尊貴佛裔，如在生前，未經上師，傳授密法。於淨智光，
定生怖悸。六道穢物，反生貪著。慎勿如此。竭誠信仰，
炫耀智光，堅爾信心，並作思維：五方佛尊，大悲智光，
前來攝引。悲願度余，自當皈依。心毋為彼，六道不淨，
幻光牽引，一心敬禮，五方五部，佛父佛母。祈禱如左：

「五毒宿力，流轉生死。四智合光，炳耀途次。勝利五尊，
接引在前。五部佛母，護佑於後，拯離六道，不淨幻光，
安全使度，中有陷阱。亟願往生，五淨佛土。」

如是祈禱，爾能認識，內心光明。與之融合，無二無別。
頓證佛果。尋常行者，虔誠信仰，亦可辨識，終獲解脫。
根性下劣，藉祈禱力，即能閉塞，六道之門。瞭然四智，
合體實相。藉是攝入，金剛薩埵，真空密道，立證正覺。
經過如是，詳細指導。應解脫者，證入實相，獲得解脫。

如有最極，下劣根性，惡業過重，不喜奉教。復有劣根，
於戒多犯。終因業力，幻相為障，雖聆導示，不辨實相。
漂泊下墜。

第七日誦法

茲值七日，持明部尊，自聖樂土，前來接引。愚癡所感，畜生道光，
亦來鉤攝。此時誦法，應呼其名，囑告如次：

尊貴佛裔，一心諦聽。此第七日，諸淨識種，各色光明，
向爾放射。持明部尊，同時接引。
曼陀羅中，霓光輪內，無上持明，蓮花舞主。亦可稱為，
成熟業果，無上持明。同時放射，五色光明。並有紅色，
空行天母，雙手抱持。無上持明，右手高舉，持偃月刀。
左手平托，人腦蓋骨，滿盛血液。且舞且作，調伏定印，

前來攝引。
曼陀羅東，地居持明。身為白色，笑容可掬。亦有白色，
空行天母，雙手抱持。地居持明，右手高舉，持偃月刀。
左手平托，人腦蓋骨，滿貯血液。且舞且作，調伏定印，
前來攝引。
曼陀羅南，司壽持明。身為黃色，笑容可掬。亦有黃色，
空行天母，雙手抱持。司壽持明，右手高舉，持偃月刀。
左手平托，人腦蓋骨，滿貯血液。且舞且作，調伏定印，
前來攝引。
曼陀羅西，紅色持明。號大手印，笑容可掬。亦有紅色，
空行天母，雙手抱持。持明之尊，右手高舉，持偃月刀。
左手平托，人腦蓋骨，滿貯血液。且舞且作，調伏定印，
前來攝引。
曼陀羅北，綠色持明。號自生成，半嗔半笑。亦有綠色，
空行天母，雙手抱持。持明之尊，右手高舉，持偃月刀。

左手平托，人腦蓋骨，滿盛血液。且舞且作，調伏定印，
前來攝引。
曼陀羅外，持明之神，四周繞有，八處寒林，空行天母。
四部三處，空行天母。三十聖地，二十有四，朝參之地，
空行天母。無量數眾，空行天母。男女勇將。天界甲士，
護法神祇。各各具足，六種骨飾。並懸大鼓，腿骨號筒，
腦蓋法鼓，羅剎皮幡，人皮傘蓋，人皮旗幟，人脂香膏。
無量數種，樂器齊鳴，大地震動。發聲之巨。腦為眩暈。
作種種舞，接引正信，懲治不信。
尊貴佛裔，清淨識種，俱生之智，五色光芒，閃爍迷炫。
如五色線，燦爛透明。蕩漾天際，心為之悸。將自持明，
胸間放射，逕觸爾心。光芒之銳，不敢正視。
淡藍色光，來自畜道。隨同智光，照臨爾身。妄執力故，
於五色光，心生悸慄，意欲逃避。將為畜道，淡光吸引。
是以爾應，於彼智光，勿生怖畏。須知即爾，本智光明。

智光明中，實相播音，千倍雷鳴。如轉巨石，四處響應。音中且聞，喊殺之聲。又若真言，令人心驚。勿畏勿遁，慎毋驚懼。應知聲即，內光智能。

對於畜道，淡藍色光，勿為吸引，亦毋懦怯。若為所惑，將墮畜道。癡毒勢盛，受盡勞役，聾啞愚闇，無限苦楚。非俟報盡，無法求出。慎毋為惑。惟應信仰，耀明智光。虔誠心向，持明諸尊，一意思維：「持明諸尊，勇武諸尊，空行天母，自聖樂土，前來接引。余應懇求，垂聽祈禱，迄於本日，五方五部，三世諸佛，雖經放射，恩悲之光，仍失救度。余何愚哉。現時惟願，持明部尊，攝以悲鉤，不復下墜。引余往生，聖極樂土。」

如是思維，祈禱如左：

「持明諸尊，垂聽祈禱。願藉慈恩，得入正道。宿業障重，
流轉生死。俱生之智，炳然照耀。持明勇武，導引在前。

空行天母，護佑於後。拯余出離，中有陷阱。再令往生，
聖極樂土。」

如是恭敬，虔誠祈禱。爾身將在，霓光輪內，交融流入，
持明胸中。決定往生，聖極樂土。
一切邪說，異教之徒。能於此日，如實認識，自離生死。
即具惡業，定亦得度。

中有教法，命盡中有，明光訓示。實相中有，導示證入，安樂部尊，
今已誦訖。

次週證入忿怒部尊

概說

今當開示，忿怒諸尊，證入方法。

安樂部尊，顯現中有，共有七次，危險境界。每次誦法，亡者應於，任何一次，如實辨悟，並已得度。

無量數眾，如實認識，自獲解脫。如是解脫，為數雖眾，塵世有情，無窮無盡。惡業熾盛，蓋障亦重，執著復深。因此之故，無明妄念，如輪常轉。雖不疲竭，亦不加速。雖盡令聞，詳細誦法，仍有極大，無量數眾，漂泊下墜，不可得度。安樂部尊，持明諸尊，一度接引，不能證入。五十八尊，住火輪中。忿怒吮血，當即現前。諸尊即係，安樂部尊，依照方位，變易相狀。（安樂部尊，出自亡者，中有之身心神經樞。）不復相似。

今茲顯現，忿怒諸尊，中有境界。亡者頓生，戰慄怖畏，認證較難。其識墜入，昏迷狀態。迷而復醒，醒而又迷。如是循環，不能自主。亡者苟能，稍有所悟，即易得度。所以然者，顯現諸光，驚悸可畏。一光方收，一光隨放。務使亡識，一心警覺，毋任馳亂。

在此情境，如有亡者，未經傳法。生前縱聞，猶如大海，甚深佛理，亦徒無益。縱有比丘，持戒清淨。又如法師，善宣玄理。中有情境，迷惑莫辨。亦必輪轉，生死海中。

普通世俗，不須煩述，戰慄怖畏，倉皇逃遁。必自懸崖，翻落惡趣，受苦無量。但在密乘，修持行人，極少數中，縱極少數，一經面對，吮血諸尊，自能辨識，即其自身，護佑之尊。如在人間，重逢舊友，信恃不疑。證合一體，獲致佛果。因在生前，修習觀想，經文所示，吮血諸尊，供養讚歎，至少或曾，觀瞻圖繪，塑造諸像。此時目擊，諸尊現前，自即能識。藉以得度。密教勝法，即在於是。復次亡者，如屬比丘，持律精嚴。或為法師，善闡妙理。當其在世，無論如何，虔誠修習，善巧說法，辯才無礙。徒以生前，未聞密法，圓寂火化，並無異徵。火端不見，霓虹光圈。遺體不現，殊勝舍利。蓋因生前，對於密法，心不信仰，輕蔑毀謗。復因未經，密法灌頂，不識聖像。中有陡現，自難辨識。驟然目睹，生平未見，可怖相狀，視若仇敵，心生抵抗。因此淪入，悲慘苦境。以此而論，持戒比丘，宣法之師，不修密法，火化之際，不見霓光，骨無異徵，不生舍利，良有以也。密乘行者，極少數中，最極少數，舉止粗鄙。不勤修持，不善應付，生活起居，動違誓願，不修邊幅。依其所教，不能奏效。慎勿輕蔑，疑慮其人。應敬禮彼，所具密法。中有境界，惟藉密法，可得度故。敬信密法，生前行為，縱有不檢。火化之時，至少呈顯，一種瑞相。或為霓光，或為舍利。密法恩波，不思議故。密乘行者，心靈發越，或為普通，或較高深。如文觀像，依儀修習，並念心咒。不致降落，實相中有。命盡立為，持明部尊，男女勇將，導引前往，淨樂聖土。似此將有，種種具徵。譬如天空，萬里無雲。亡靈融入，霓虹光圈。日光發射，奇異霞彩。異香盈空，天樂遍作，瑞光四射。遺體之上，舍利呈現。
是以對於，比丘法師，犯戒喇嘛，普通世俗，中有教法，實屬必需。
如有修習，大圓滿道，大手印法。命盡之時，必識明光，證取法身。
如是等人，中有教法，無須誦念。死亡之時，認識明光。實相中有，
安樂忿怒，諸尊顯現，亦必辨識，證得報身。亡靈如在，投生中有，
認證明光，證得應身，轉生天道，修羅人道。如生人道，將因前生，
慧業持續，得值密乘，瑜珈正法。
中有教法，逕致佛果，不須禪定。一經聞法，即可解縛。有情縱有，
極大惡業，藉此教法，攝行進入，密乘大道。此法對於，已聞密法，
或未聞法，立顯差別。此法玄妙，立致圓覺。是故有情，密法加被，
不墮惡趣。
中有教法，中有密咒，同時念誦。有如黃金，大曼陀羅，寶物莊嚴，
尤顯勝妙。
上來開示，必不可少，玄妙教法。茲當誦念，忿怒部尊，顯現情景。

第八日誦法

如是再呼，亡者之名：

尊貴佛裔，一心諦聽。中有顯現，安樂部尊，未能辨證。躑躅徘徊，以至於此。茲已八日，忿怒部主，吮血之尊，前來攝引。應即辨認，心毋散亂。

尊貴佛裔，大光榮佛[10]，裸體化身。深褐為色，三首六臂，四足穩立。右臉白色，左臉紅色，中臉深褐。周身發光，猶如火焰。九目圓睜，怒視可怖。眉毛閃動，如電發光。巨牙外露，上下榫合。口發巨吼，阿拉拉聲，哈哈之聲，音調尖銳。髮紅黃色，豎立放光。冠飾骷髏，象徵日月。

10 Heruka, Khrag'thung；赫魯嘎。無上瑜珈部的本尊。又作飲血尊，不動明王，屬於忿怒尊。

持明及忿怒部尊大曼陀羅

腰繫黑蛇，懸有人首，以為身飾。右首三手，上手持輪，
中手持刀，下手持斧。左首三手，上手執鈴，中持腦蓋，
下持犁頭。身為佛母，大忿怒母，雙臂抱持。佛母右手，
緊持佛頸。左手奉佛，紅色蚌殼，滿貯鮮血。舌顎相接，
磋磨作聲。繼而隆隆，有如雷鳴。兩尊放射，智火光焰，
出自毛孔。大焰各具，金剛之杵，熊熊有光。兩尊抱持，
各以兩腿，一屈一伸。立於壇上，鵬鳥俯伏，支持其下。
一切皆爾，腦中出生。活躍生動，向爾照射。勿驚勿懼。
須知是爾，自識具體。又為爾身，護佑之尊。勿怖勿畏。
兩尊實乃，大日如來，雙身化成。一經辨識，即自得度。
辨認之後，爾身將與，護佑之尊，契合一體，證入佛道。
勝妙報身。

第九日誦法

設生恐怖，意圖引避。則第九日，金剛部主，吮血之尊，前來攝引。當呼其名，誦法如左：

尊貴佛裔，一心諦聽。金剛部主，吮血之尊，金剛薩埵，
裸體化身。身暗藍色，三面六臂，四足穩立。右首上手，
持金剛杵，中持腦蓋，下手持斧。左首三手，上手持鈴，
中持腦蓋，下持犁頭。身為金剛，大忿怒母，兩臂抱持。
佛母右手，緊持佛頸。左手奉佛，紅色蚌殼，滿貯鮮血。
一切皆自，爾腦東隅，變現出生，放光照爾。勿驚勿悸。
復勿戰慄。當知係爾，自識具體。亦即爾身，護佑之尊。
故勿怖畏。兩尊實乃，金剛薩埵，雙身化成。信之識之，
即得解縛。既自辨識，立與合體，獲致佛果。

第十日誦法

然因惡業，覆蓋過甚，不能證入，反生悸懼，意欲逃遁。則第十日，寶生部主，吮血之尊，前來攝引。當再呼名，念誦如左：

尊貴佛裔，一心諦聽。今為十日，寶生部主，吮血之尊，
寶生如來，裸體化身。身為黃色，三面六臂，四足穩立。
右臉白色，左臉紅色，中臉暗黃。臉後呈現，火焰光輪。
右首上手，持有寶物，中持鋼叉，下持短棍。左首三手，
上手持鈴，中持腦蓋，下持鋼叉。身為寶生，大忿怒母，
雙臂抱持。佛母右手，緊抱佛頸。左手奉佛，紅色蚌殼，
滿貯鮮血。一切皆自，爾腦南隅，出生放光。勿驚勿悸，
復勿戰慄。須知即爾，自識具體。又為爾身，護佑之尊。
故勿怖畏。兩尊實乃，寶生如來，雙身化成。信而證入，

度脫自能。既自辨識，立與合體，證得佛果。

第十一日誦法

上來念誦，設因宿惡，不能證入，護佑之尊。戰慄欲遁。第十一日，蓮花部主，吮血之尊，前來接引。當再呼名，誦法如左：

尊貴佛裔，第十一日，蓮花部主，吮血之尊，彌陀如來，裸體化身。深紅為色，三面六臂，四足穩立。左面白色，右面藍色，中為深紅。右臂三手，上持蓮花，中持鋼叉，下持錫杖。左上持鈴，中持腦蓋，滿貯鮮血，下持小鼓。身為蓮花，大忿怒母，雙臂抱持。佛母右手，緊抱佛頸。左手奉佛，紅色蚌殼，亦貯鮮血。兩尊合體，皆自爾腦，西隅出生，放光接引。勿驚勿悸，復勿戰慄。極應信樂。當知為爾，自識變生。又為爾身，護佑之尊。故勿怖畏。

兩尊實乃，彌陀如來，雙身化成。信之證之，解脫隨之。
既自辨識，即與合體，獲得佛果。

第十二日誦法

縱已聞法，仍因宿業，戰慄不前。不特不識，甚欲逃遁。第十二日，當有業部，吮血之尊。寒林女神，獸首女神，弗萊孟母，與汪鳩母[11]，隨從擁護，前來接引。仍恐不識，反增悸懼，當再呼名，誦念如左：

尊貴佛裔，第十二日，業部之主，吮血之尊，不空成就，
裸體化身。身深綠色，三面六臂，四足穩立。右面白色，
左面紅色，中面深綠，具足威儀。六手之中，右上持刀，
中持鋼叉，下持錫杖。左上持鈴，中持腦蓋，下持犁頭。
身為業部，大忿怒母，兩臂抱持。佛母右手，緊抱佛頸。

11 弗萊孟母（Htamenma, Phramenma）；汪鳩母（Wang-chugma）。

左手奉佛，紅色蚌殼。兩尊合體，無非出自，爾腦北隅，
放光加被。勿驚勿悸，復勿戰慄。當知即爾，自識變幻。
又為爾身，護佑之尊。故勿畏懼。兩尊實乃，不空成就，
雙身化成。是以爾應，虔誠信樂。一經辨識，隨即得度。
既已辨識，護佑之尊，即與合體，證得佛道。
上師開示，至為玄妙。依教證知，所見諸尊，自識變現。
依據平日，觀想而成。例如有人，見雄獅皮。一見即識，
不生怖畏。設有不知，物蒙獅皮，悸懼頓生。經人告知，
實非雄獅，恐懼自消。今茲所見，吮血部眾，體相絕巨，
四肢龐碩，大如天空。戰慄之心，不期自生，理無二致。
若經宣示，便知即係，護佑之尊。亦即自識，變現所成。
此時忽有，明光顯現，名母明光。亡者以往，一度經歷。
明光之上，復附明光，名子明光。子母明光，同時顯現。
如遇熟識，交融不離。由此出現，自度之光。自覺自證，
即得解縛。

第十三日誦法

上來誦法，設仍未悟。縱有善行，心靈發越，亦將後退，淪入輪迴。於是八位，忿怒女尊，寒林女神。復有八位，弗萊孟母，獸首女神。出自腦部，前來攝引。當呼其名，念誦如左：

尊貴佛裔，一心諦聽。第十三日，寒林女神，共有八位。將自爾腦，東隅出現，放光加被。切勿畏懼。爾腦東隅，白寒林神。右手持屍，如持錫杖。左持腦蓋，滿貯鮮血。放光加被，切勿畏懼。爾腦南隅，黃寒林神，名周利瑪，手持弓箭，意欲放射。爾腦西隅，紅寒林神，普拉摩哈。手持旗幟，海獅所成。爾腦北隅，黑寒林神，名白達利。右手持杵，左持腦蓋，滿貯鮮血。腦東南隅，紅寒林神，名普喀斯，右手提有，人體臟腑，左手取食。腦西南隅，深綠寒林，喀喜瑪利。
左手腦蓋，滿貯鮮血。右手持杵，攪血而飲，如飲瓊漿。
腦西北隅，黃白寒林，名藏達利，方取屍身，撕裂其首。
右手摘心，左手提屍，就腔吸血。腦東北隅，深藍寒林，
名斯瑪夏，亦撕屍首，就腔吸血。如是八方，寒林女神[12]，
出自爾腦，圍繞五部，吮血諸尊，前來接引。慎勿怖畏。
尊貴佛裔，寒林圈外，爾腦八方，出生八尊，弗萊孟母，
獸首女神，亦來攝引，東有深褐，獅首之尊。雙手十字，
交叉胸前。口撕屍身，振搖頭髻。南有紅色，虎首之尊。
雙手下垂，十字交叉。齜牙裂嘴，怒目而視。西有黑色，
狸首之尊。右手匕首，左提臟腑，且嚼且吮。北有深藍，
狼首之尊。雙手撕屍，怒目注視。東南黃白，鵰首之尊。

12 周利瑪（Tseurima）、普拉摩哈（Pramoha）、白達利（Petali）、普喀斯（Pukkase）、喀喜瑪利（Ghasmari）、藏達利（Tsandhali）、斯瑪夏（Smasha）。

肩荷巨屍，手持骨骼。西南深紅，鷲首之尊。亦荷巨屍。
西北黑色，鴉首之尊。左手腦蓋，右手有刀，摘食心肺。
東北深藍，梟首之尊。右手持杵，左手有刀，割取嚼食。
八方八位，獸首女神，亦然圍繞，吮血部尊，出自爾腦，
前來接引。勿須畏懼。當知即爾，自識變現。

第十四日誦法

尊貴佛裔，第十四日，四門守護，女忿怒尊，出自爾腦，
放光照射，爾應識之。爾腦東隅，虎首持鉤，白色女神。
左手腦蓋，滿貯鮮血。爾腦南隅，豕首持索，黃色女神。
爾腦西隅，獅首持鎖，紅色女神。爾腦北隅，蛇首持鈴，
綠色女神。均持腦蓋，滿貯鮮血。四尊皆自，爾腦出現，
放光加被。爾應視若，護佑諸尊。
尊貴佛裔，忿怒女尊，層層圍繞，五方五佛，裸體變身。

外層圈外，復自爾腦，顯現女神，異類面首，二十八尊。手中各持，異樣兵刃，前來攝引。亦毋悸懼。無論何光，應即認為，自識幻形。在此關頭，極為重要。亟應憶念，生前上師，所傳妙法。

尊貴佛裔，爾腦東隅，深褐牛首，羅剎女神，一手持杵，一手持鈴。紅黃蟒首，梵天女神，手持蓮花。墨綠豹首，巨大女神，手持鋼叉。藍色猿首，司判女神，手中持輪。紅色瑜珈，雪山熊首，童貞女神，手持短矛。白色熊首，帝釋女神，手持串腸。如是六尊，瑜珈女神，爾腦東隅，出現放光。毋須畏懼。

尊貴佛裔，爾腦南隅，黃色蝠首，喜樂女神，手持匕首。紅海獅首，安樂女神，手托土缽。紅色蠍首，甘露女神，手持蓮花。白色鵟首，月明女神，持金剛杵。深綠狸首，持棍女神，隻手舞棍。黃黑虎首，羅剎女神，手持腦蓋，滿貯鮮血。如是六尊，瑜珈女神，爾腦南隅，出現放光，毋須畏懼。
尊貴佛裔，爾腦西隅，墨綠鵰首，肉食女神，手中持棍。
紅色馬首，喜樂女神，手持屍體，四肢全無。白色鷹首，
大力女神，手持錫杖。黃色犬首，羅剎女神，一手持杵，
一以刀割。紅野馬首，欲望女神，以弓搭箭。綠色麋首，
守財女神，手持土缽。如是六尊，瑜珈女神，爾腦西隅，
出現放光。毋須畏懼。
尊貴佛裔，爾腦北隅，藍色狼首，司風女神，手展旗幟。
紅色羊首，妙鬘女神，手持木梃。黑野豕首，野豕女神，
手中持有，牙根串索。紅色鴉首，霹靂女神，手持嬰屍。
墨綠象首，大鼻女神，手提巨屍，自蓋飲血。藍色蟒首，
入水女神，手持蛇索。如是六尊，瑜珈女神，爾腦北隅，
出現放光。毋須畏懼。
尊貴佛裔，尚有四門，瑜珈女神，出自爾腦，前來接引。
爾腦東隅，黑杜鵑首，祕密女神，手持鐵鉤。爾腦南隅，

黃山羊首，祕密女神，手中持索。爾腦西隅，紅色獅首，
祕密女神，手持鐵鍊。爾腦北隅，墨綠蟒首，祕密女神。
手中持鈴。如是守門，四瑜珈神，出自爾腦，前來接引。
二十八尊，忿怒女神。一一出自，忿怒諸尊，自性之身。
爾應領悟。尊貴佛裔，安樂諸尊，出自法身，真空之性。
爾應領悟。忿怒諸尊，出自法身，悲智之光。亦應領悟。
上來吮血，五十八尊，出自爾腦，攝照之時。設若知為，
自識之光。爾將融入，吮血諸尊，與之合體，證得佛道。
尊貴佛裔，今如不識，忿怒諸尊，懼欲逃避。苦難之來，
不堪忍受。此並不悟，目擊諸尊，戰慄頓生，終至昏迷。
此後自識，轉成幻相，墜入輪迴，不可得出。依教辨識，
戰慄不生，自能超出，輪迴生死。
復次安樂，忿怒諸尊，最大體相，高齊天際。其次體相，
大如須彌。最小之體，亦等爾身，十有八倍，層疊之高。
如是目擊，不須戰慄。宇宙萬象，雖然轉成，神聖相狀，

神聖之光。設若了悟，爾識變現，一經辨識，即證佛果。
妙義相傳，「剎那之間，頓成佛道」，即此是也。如是緊記，
不釋於心。與彼法身，與彼智光，融合一體，立證佛果。
尊貴佛裔，是故所見，無論任何，怖畏幻相。應即認為，
自識變現。尊貴佛裔，爾若不悟，畏縮不前。安樂諸尊，
即時交融，轉變成為，大黑天相。忿怒諸尊，亦即轉成，
冥府主宰，閻摩之狀。自識所變，盡成幻相。淪入輪迴，
不能自拔。
尊貴佛裔，設人不悟，自識實相。任爾精諳，顯教經論，
密乘修法。縱令苦修，一劫之久，不成佛道。若悟實相，
即藉一法，或藉一字，均可證果。
亡者經歷，實相中有，不悟相狀，自識幻成。冥府主宰，
閻摩獄卒，立時現前。最大身量，高及天際。其次體相，
大如須彌。最小之體，亦等人體，十有八倍，層疊之高。
其為數量，充塞宇宙。來時相狀，齘齒錯唇，雙目閃耀，

巨腹細腰，束髮結頂。手持記錄，善惡業簿。自口發出，
擊殺之聲。吮腦飲血，撕裂屍身，取其首級，復摘其心，
蜂擁而至，空間為塞。
尊貴佛裔，如是幻狀，出生之時。勿畏勿怖。爾今具身，
宿業所感，意生之體。縱為殺剮，不能滅無。爾體性空，
毋庸畏懼。閻摩獄卒，亦爾自識，變幻而成，毫無實體。
空如壞空，無有是處。爾識所幻，相狀而外，安樂忿怒，
飲血諸尊，異類面首，霓虹光圈，閻摩惡相，均非實有。
不必疑慮。如是了悟，怖畏自消。與之合體，佛果自證。
上來教法，如實了悟，爾應竭誠，篤信敬仰，護佑諸尊。
在此中有，陷阱之中，前來救應。心作思維：「我當皈依，
護佑之尊。」憶念三寶，信樂三寶。不論修何，護佑之尊，
心應觀想，並念佛號。祈禱如左：
「護佑慈聖。施恩加被。飄泊中有，拯我出離。」

復次口呼，上師法號，祈禱如次：

「徘徊中有，拯我出離。願師殊恩，永不捨棄。」

復次信樂，吮血諸尊，並向祈禱：

「無明驅使，流轉生死。光耀途次，恐怖捨除。安樂忿怒，諸尊前導。忿怒佛母，蜂擁護佑。安全使度，中有陷阱。終令成就，圓覺佛果。棄親背友，踽踽獨行。唯識所變，空性孤身。惟願諸佛，慈恩加被。在是中有，畏懼不生。五智之光，炳然照耀。願能辨識，無悸無怖。安樂忿怒，聖尊現前。確信無畏，了悟中有。惡業牽引，痛苦備嘗。諸尊護佑，消除災苦。實相本聲，千雷隆隆。願得轉成，六字大明。宿業隨行，無怙無恃。護我唯仰，聖觀自在。宿業所感，苦難不堪。願藉明光，消苦得樂。願彼五大，勿起為仇。願入五佛，覺尊之土。」

竭盡虔誠，如是祈禱。一切恐怖，自能消除。報身佛道，證入無疑。一心念誦，三至七遍。至極緊要，切記毋忘。

但得了悟，無論惡業，如何深重，無論善業，如何微弱，其不解脫，實不可能。若在中有，縱經一一，詳細導示，而仍不悟。則將下墜，投生中有。念誦之法，詳見下卷。

結述中有教法重要

無論依何，教宗修習，或為淵博，或為淺薄。死亡之時，種種迷惑，頓自出生。中有教法，自不可少。禪定成就，神識甫離，實相顯現。生前經驗，實屬需要。有已了悟，自識實性。具是經驗，命盡中有，明光現前，奏效甚鉅。

復次生前，禪定觀想，密乘諸尊，有所成就。實相中有，安樂忿怒，諸尊接引，尤具助力。生前修習，中有教法，既有特要。亟應信奉，隨誦隨記，如實記憶。誦念三遍，習以為常。每字每義，務求明晰。縱環群仇，身瀕危急。教法大意，不應忘失。

此法名為，聞教得度，縱有造作，五無間業。耳聞此法，亦必得度。應向群眾，念誦講解。聞法之人，即或未解。中有之際，必能記憶，一字不失。中有憶力，強於生前，九倍之多。應向世人，廣為宣說。病榻之旁，亦應誦讀。亡靈之前，尤宜念誦，廣傳世間，咸蒙聖澤。有緣值法，實堪慶幸。非具積善，並有慧根，極難遇法。縱或遇法，不可得解。惟有聞法，信受奉行，自得超度。如是稀有，諸法之王。珍之寶之，憶持勿釋。

中有經歷，實相誦法，又可名為，聞法得度，依咒得度，第一卷竟。

若人欲了知，三世一切佛，
應觀法界性，一切唯心造。

上偈《華嚴經》夜摩天宮無量菩薩雲集所說，即覺林菩薩偈。意明地獄心造。了心造佛地獄自空耳。

西藏冥判圖

第二卷

投生中有

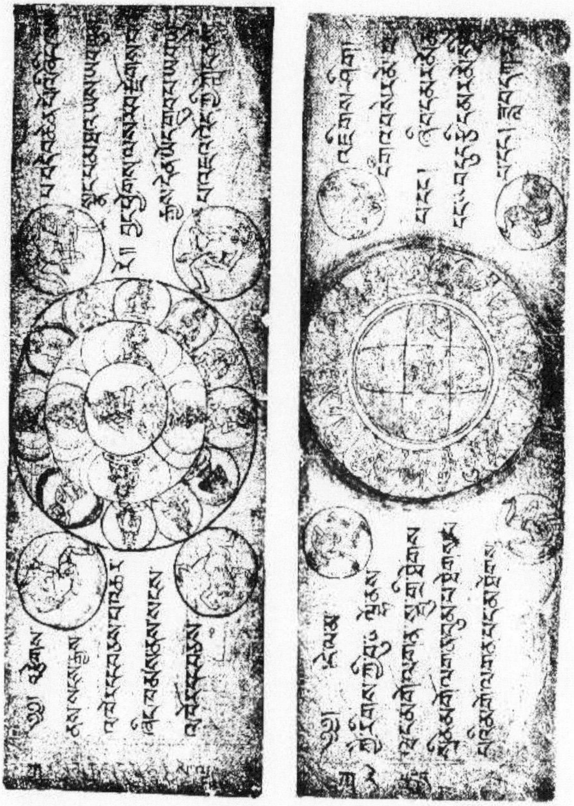

敬禮

虔誠稽首，諸佛菩薩，護佑諸尊，一切上師。慈悲加被，超度中有。

開誦偈語

中有教法，實相部分，上來誦竟。今當詳示，投生中有，栩活易憶。

【第一章】

亡後境界

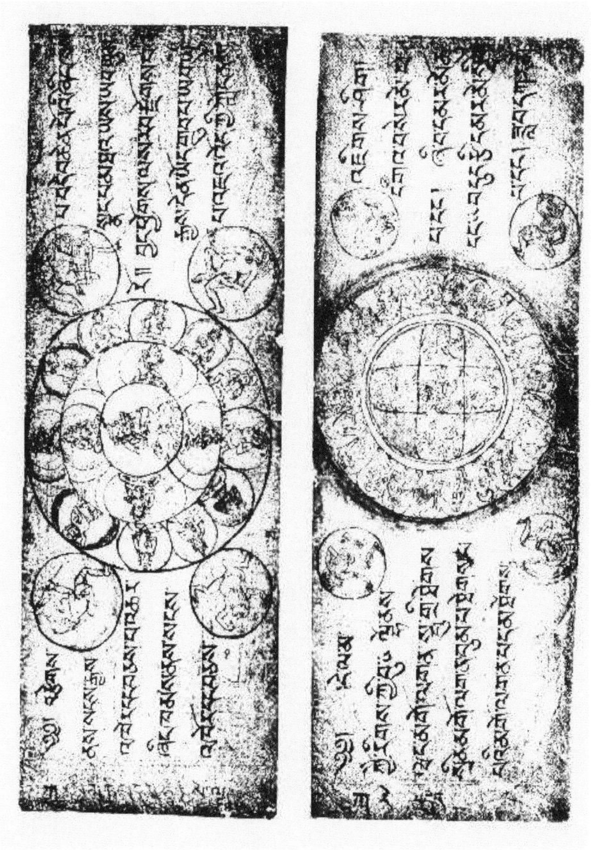

上來關於，實相中有，詳細導示，猶如目睹。除已熟諳，真實法相，並具善業，當可了悟。餘因惡業，不解實相，或因業力，戰慄怖畏，了悟自難。此輩下沉，已十四日。當誦下文，深印其心。

中有之體如何生起以及所具超常官能

已敬三寶，誦偈祈請，諸佛菩薩，慈恩普被。呼亡者名，三至七遍，念誦如左：

尊貴佛裔，一心諦聽，緊記勿忘。人於死後，淪入地獄，或生天道，乃至轉成，中有之身。如是名為，超常之生。當爾經歷，實相中有，安樂忿怒，諸尊智光，不自了悟，懼而昏迷。其為時間，約等亡後，三日有半。迨爾甦醒，爾智必已，重復原狀。同時轉成，發光之體。類似生前，所具之身。一如密教，修法所示：

「忽自賦得，如幻色身，類似前身，當生之身。六根齊全。行動無阻。具有業感，神變殊能。業感同趣，中有之體，所具天眼，得見其形。」

經文云何，今當詳說。

發光之體，經文解為：「類似前身，當生之身。」意指亡者，將賦之身，恰如前世，宿業所感，血肉之體。其身亦具，圓滿相好。有如人類，福報所感。

似此之身，生自意識，中有境界，結想所幻。是以名為，意生之身。此時爾若，當生天趣，天趣境界，立即現前。無論何趣，爾當受生，或生修羅，或生人趣，或生畜道，或為餓鬼，或淪地獄，各趣情景，隨感而現，理無二致。

「前身」二字，是以隱指：三日半前，爾曾思維，爾所具身，仍為前生，業力所感，血肉舊體。「當生」二字，則指所感，將來投生，處所情景。是以經句「類似前身，當生之身」，應即解為，已棄色身，與夫將來，重復受生，應賦色身。此時於彼，生起情景，不論為何，勿起貪求，勿為吸引，勿示怯弱。設因怯弱，忽生喜愛，爾將淪入，六道之中，受苦無盡。

迄至昨日，爾仍不悟，實相中有。漂流下墜，以至此極。今爾若期，信持真實，爾應依據，上師所傳，心不散亂，善自安住。無作無念，自識元明，光照空寂，法爾性境。果能如是，自必得度。不再進入，受生胎門。若爾不能，了悟自識，則應信樂，虔誠觀想，任何上師，護佑之尊，如在頂門，慈悲庇蔭。如是要法，一心信持。

如是念誦，亡者若悟，自得超度。不再淪入，生死海中。設因惡業，牽引所致，猶未了悟，續誦如左：

尊貴佛裔，再事諦聽。「六根齊全，行動無阻」，其意若謂：
爾於生前，或為目盲，或重於聽，不良於行。今在中有，
爾自能視，耳亦善聞，六根無損，敏銳不缺。中有之身，
是以說為，「六根齊全」。爾今具身，六根不缺。所以證明，
爾已離世，漂泊中有。了悟此理，憶持勿釋。

尊貴佛裔，「行動無阻」，其意殆指，爾識業離，塵世色身。

今爾所受，意生之身，非復前此，粗礙色體。是以爾今，
忽具殊能。諸如磐石，山陵丘壟，地土房屋，乃至須彌，
爾能任意，穿行無阻。除為佛座，母胎而外。縱如須彌，
中山之王，往來穿過，毫無質礙。即此亦證，爾正徘徊，
投生中有。至切憶念，上師教法。虔誠祈禱，聖觀自在。
尊貴佛裔。爾今實具，神變殊能。然此非為，等持之效。
僅為中有，自然具有。業力性故。爾今能於，一剎那間，
環行須彌，遨遊四洲。或於手臂，伸屈之頃，隨念而至，
任何地方。力能至故。如是種種，神變幻力，切毋貪求。

切毋企有。
任爾意欲，顯何神通，無有神通，爾不能顯。神通之能，
具在爾身。任爾顯現，無有妨阻。惟爾仍應，了悟正教，
祈禱上師。
尊貴佛裔，「業感同趣，中有之體，具有天眼，得見其形」。
其意明示，中有境界，有諸亡者，業力感故，同生一趣。
自能一一，互見其形。譬因福報，同生天界，天人身形，
彼此自見。其生他趣，亦同此理。是以爾於，現前各形，
慎毋希企。惟應觀想，聖觀自在。
「具有天眼，得見其形」，意示顯示，福報受生，天道身形，
惟習禪定，具有天眼，始可得見。然天趣身，非可常見。
一心觀想，始見其形。否則不見。間有習禪，心神外馳，
亦不能見。

中有之身特殊狀態

尊貴佛裔，爾將藉是，中有之身。目睹塵世，熟諳地方，
在彼親屬。如在夢中，彼此相逢。
爾睹親友，就之而語，蔑若無聞。目睹彼等，目睹爾家，
正在舉哀。爾心思維，「余其死乎，余將何為？」至極悲痛。
如魚離水，擲諸烈燼。苦痛之慘，爾正親歷。然徒悲痛，
亦復何益。應即祝告，素所供奉，超人上師。同時祈禱，
護佑之尊，聖觀自在。縱於親友，愛戀不捨，於爾無助。
萬勿依戀。虔誠祈禱，聖觀自在。悲痛自止，怖畏不生。
尊貴佛裔，業風吹動，永無止息。爾在中有，往復漂泊，
心不自主。將如羽毛，風中起落。又若身騎，喘急病馬，
馳騁不定，誠非得已。忽又聽聞，哭泣悲哀。不禁口呼，
「余在勿悲」，迨彼不理。爾又思維，「余已死乎」，此時爾復，

悲痛不勝。注意切莫，如是悲痛。
日以繼夜，隨時皆是，灰白曙光。爾將如是，逗留中有，
一週二週，三週四週，五週六週，乃至七週，四十九日。
投生中有，悲慘時期，有謂不出，二十二日。然因宿業，
各各不同。隨業所感，期難確定。
尊貴佛裔，約在此時，業力狂風，不勝猛烈。自爾身後，
疾馳而來。陣陣推送，足不能停，自識所幻，勿須悸懼。
無間黑暗，今臨爾前。如入重霧，毛髮為豎。此時忽自，
黑暗出生，擊殺之聲。復有種種，恫嚇之聲。肝膽俱裂。
於彼種種，勿畏勿懼。
另有亡者，惡業熾盛。惡業所感，啖人羅剎，各持兵刃，
口呼擊殺，紛擾洶湧，狀至怖畏。爭先狂撲，惟恐不及。
或復幻現，種種凶惡，肉食之獸，追逐前來。或復幻現，
狂風暴雨，大雪深霧。或復幻現，群眾追逐。或聞巨響，
有如山崩，有如海嘯，如火噴轟，如風怒吼。巨聲之來，

驚怖欲絕。四竄逃奔，不擇去路，終遇絕壁，一為白色，一黑一紅。懸崖千丈，望而生畏。生路愈窮，勢將下墜。尊貴佛裔，三絕壁者，即貪嗔癡。非為實質。此時當知，不幸身處，投生中有。竭誠祝告，聖觀自在。並念佛號，祈禱如左：

「聖觀自在。上師三寶。慈悲加被。拔我諸苦。」

如是祈禱，憶念勿釋。

或具積善，至誠奉教，感得喜樂，愉快安逸，滿分福報。或無積善，與未作惡，所感之報，非樂非苦，凡愚庸迂，漠然無情。尊貴佛裔，今生所受，不論何報，或因善業，感受何樂，勿為吸引。慎毋貪著。應作思維：

「積善所感，一切喜樂。謹以供養，上師三寶。」

摒棄一切，愛欲貪求。
縱爾感得，非樂非苦，漠然無情。禪定心住，大手印法。
心中不作，禪定之念，至為切要。
尊貴佛裔，此時如遇，橋口寺廟，八大靈塔。爾欲稍憩，
不能久停。蓋以爾識，業離四大，質礙色體，不能勾留。
爾輒懊喪，煩惱悲痛。能知之識，恍惚不定，稍縱即逃，
失所憑藉。不禁自思，「吁余已亡，余將何為？」此念一起，
悲不自勝。萬念俱灰，無限愁苦。爾既不能，任意停留。
似被驅使，流徙無定。當摒雜念，調伏安住，不動心境。
所備供品，為爾特設，始得享受。其他供物，無法嘗食。
此時朋類，無一可以，引為己助。
凡此皆為，投生中有，意生之身，漂泊之證。此時苦樂，
均屬業力。忽如返家，目睹僕役，以及戚屬，自己屍身。
心復思維：「余今已死，余將何為？」不勝悲苦，忽復妄想：
「如得復生，任何不惜。」如是作念，往復流蕩，覓取色身。

縱入屍體，九次以上。然因經歷，實相中有，為時過久。爾之屍身，在冬凍結，入夏糜腐。或為親屬，用火焚化，或埋土中，或投諸水，或擲山崖，鳥獸啄食。無處可棲，意不滿足。頓覺自身，似為推入，山崖石穴，隙縫之中。投生中有，所嘗苦楚，即係如是。縱爾見得，四大之身。除苦而外，毫無所得。應毋再起，投生妄想。令心安住，不生膠著。亟應如是，令心安住。

上來誦法，依示而行，中有境內，即得解脫。

冥判情景

間或尚有，惡業力故，仍不了悟。再呼其名，誦示如左：

尊貴佛裔，一心諦聽。爾之受苦，業力所感。純係自業，不屬他人。是以爾應，一心至誠，祈禱三寶，護佑加被。
設不祈禱，亦不心住，大手印法。復不觀想，護佑之尊。
當有生前，與爾俱生，司善神祇，現臨爾前，以白石卵，
計爾善業。復有生前，與爾俱生，司惡神祇，以黑石卵，
計算惡業。爾將驚懼，全身戰慄。試為謊言，「生前未作，
任何惡業。」
地府主宰，於是宣示：「我有業鏡，鑒照不爽。」
言畢視鏡，善惡映現，歷歷如繪。縱欲掩飾，亦徒無益。
地府主宰，於是派遣，凶惡獄卒。以索繫頸，拖曳下堂。
斷爾之首，剖爾心肝，抽爾臟腑，吮爾腦汁，飲爾之血，
食爾之肉，啖爾之骨。爾雖痛苦，仍不得死。爾身雖碎，
復又完整。反覆受刑，不勝苦楚。縱有神祇，計算石卵。
勿驚勿怖。亦毋謊語。復勿畏懼，地府之主。
當知爾身，意生之身。首斷肢割，不能滅無。爾身實係，
真空之性。不須畏懼。即彼閻摩，亦係爾識，自所變幻。

意生之身，習氣結體，空無所有。空不壞空。猶如無質，
不傷無質。

爾身以外，諸如閻摩，判官獄卒，鬼怪幽靈，或為牛首，
威德明王，除為爾識，自所變現，實皆無有。爾應善自，
如實了知。

此時當知，已處中有。爾應心住，大手印定。設爾不知，
如何住定。只須推究，恐怖實性，本無有生。僅為法身，
真空之性。

此空非即，空無所有。如實性空，方可為空，爾對空性，
不免畏懼。爾識當空，照映益明。識明照耀，報身之境。
爾處此境，忽自經歷，空明交融，強烈難忍。空性本明，
明實性空。明空不離，此為本性，第一義身。到處放射，
映耀無阻，是即應身。

尊貴佛裔，心毋散亂，靜聽宣示。設能了悟，上述四身。
於任何身，定必解脫。心勿外馳，但聽我言，佛與有情，

以此分界。此一剎那，極為重要。心如不定，重墜苦海，無量數劫，不得出離。

經文所示：「一剎那間，界限分明。一剎那間，圓覺可證。」其意真實，恰合此際。

今前所經，中有現象，以心狂亂，爾未能證。徒因此故，枉受恐怖。如再散亂，聖觀自在，大悲恩波，中途阻斷。爾將沉淪，永不得度。是以爾應，非常謹慎。前此聞法，雖未了悟。今如辨識，仍可得度。

亡者生前，無知無識，不解禪定，當更念誦。

尊貴佛裔，設爾不明，如何禪定。爾當憶念，聖觀自在，並及三寶。懇切祈禱，思維一切，恐怖之相，不啻自己，護佑之尊。或竟視作，聖觀自在。回憶生前，上師灌頂，賜爾法名。同時復憶，上師法名。一一告知，冥府主宰，判官獄卒。依教而行，縱墜絕壁，無有傷害。幸自振作，勿怖勿畏。

心念所至無不感應

前此聞法，縱未超脫。此際亦可，令其得度。然仍未可，必其得度。尚須懇摯，繼續導示。再呼其名，念誦如左：

尊貴佛裔，此時頓覺，剎那歡樂，剎那愁苦。緊張情狀，猶如弩砲。張馳自如，任憑機力。歡樂之時，勿稍貪愛。愁苦之來，亦毋憎惡。設爾業感，受生上界，人天修羅。上界情景，立即現前。生前眷屬，為爾設祭，殺害生物，修作佛事，並事佈施。因爾此時，意根未淨。目擊彼等，一切舉動，由慳生嗔。因爾嗔念，立墮地獄。無論遺眷，有何造作，壓止嗔心，勿令生起。心應住於，敬愛之念。

設見生前，所積財物，貪戀不捨。或見財物，已屬他人，為所專用。意志薄弱，貪戀不已。或竟怒及，享用之人。此念一生，彈指之頃，影響心念。縱爾應生，上方樂土，亦必因此，淪入地獄，或為餓鬼。所遺財寶，爾縱貪戀，此時不能，復為爾有。亦不再為，爾所享受。是以切應，堅定意志，慎勿貪著。棄之如遺，毫不置念。任為何人，享用爾財，心勿吝惜，心存布施。觀想如同，供養三寶，與爾上師。堅爾意志，心毋執著。

設供之時，誦念真言，如持食物。或修佛事，消爾惡業，拔離苦趣。誦咒修法，不合儀軌。修法僧侶，間有昏睡。心不專注，違犯戒律，淨行有虧。乃至一切，輕慢正法，爾均目睹。蓋在中有，爾已賦有，業力所感，少分漏通。因此爾或，心疑聖教，退失正信。爾復能睹，修法僧侶，驚怖不安。竟用黑教，追薦之法，褻瀆正教，妄行儀軌。爾必思維，「噫余竟為，彼等欺罔」，心極沮喪。憤慨之餘，疑慮聖教，退失正信，心不隨喜，並失敬仰。彈指之頃，影響心靈，必淪苦趣。如是思維，於爾無益，抑且有害。任彼僧侶，修法之時，不合儀軌，缺乏淨行。心惟作念：「余心不淨，一至於是。我佛垂示，寧能有誤？譬諸攬鏡，面呈斑點，鏡亦反映。心之不淨，豈非如是？至彼僧侶，其身為僧，其語為法，其心實佛，余當皈依。」思維至此，於彼僧侶，當具信心，虔誠敬愛。家族為爾，修作佛事，於爾利樂，實有裨助。是以爾應，心存敬愛，至為重要，切記勿忘。又爾業感，當墜苦趣，苦趣之光，即來勾攝。賴爾嗣續，與爾親屬，淨修佛事，不染邪巫，所延上首，喇嘛之眾，深邃佛理。身語意三，一一專注，虔修功德，不失儀軌。目睹如是，心大歡喜。即此歡心，剎那之善，轉移爾業。縱感惡道，改生上界，較樂之地。是以勿生，不淨之心，當於一切，喜愛敬信，不加分別。至為重要，極端注意。

尊貴佛裔，綜上所示，爾識現在，中有境界，無所憑藉。
體量之微，流動無停。任爾起念，淨或非淨，感應極易。
是以心中，勿起非淨。但憶生前，任何修持。設未修持，
心應歡喜，至誠皈命。懇切祈禱，聖觀自在，護佑諸尊。

禱文如左：

「捨離親摯，踽踽獨行，唯識所映，空性孤身。惟願諸佛，
慈悲加被。在是中有，畏懼不生。惡業牽引，備嘗諸苦。
護佑諸尊，消災除苦。實相本聲，千雷隆隆。願得轉成，
六字大明。宿業隨行，無怙無恃。護我惟仰，聖觀自在。
宿業所感，苦難不堪。定力明光，攝引得樂。」

虔禱上偈，必獲導引，決非誑語。爾應安心，如是祈禱，
至為要妙。一再念誦，憶念隨生。自獲證入，自獲解脫。

輪迴六道劣光現前

一再導示，亡者惡業，熾盛難消，仍未了悟。可再反覆，開示多次，極有裨助。當再呼彼，亡者之名，誦念如左：

尊貴佛裔，以爾不悟，前有身形，逐漸消散，至不可辨。後有之身，將益明顯。愁苦之餘，心作思維。「余何傷哉，苦痛備嘗。任投何身，余將往覓。」如是思維，往來四處，奔馳不停，不知所之。六道輪迴，即於此時，發光勾攝。爾業所感，當生何道，彼道之光，愈益強烈。

尊貴佛裔，設爾欲知，六道之光，其色何若。一心諦聽。天道之光，其色灰白。阿修羅道，其色淺綠。人道之光，其色暗黃。畜生道光，暗藍為色。餓鬼道光，色為暗紅。惟有地獄，光如煙霧。爾因業力，當生何道，爾身將染，彼道光色。
尊貴佛裔，如是教法，殊妙無比。於此時際，尤為重要。
任為何光，現前勾攝，觀想光為，聖觀自在。任彼光線，
來自何道，觀想如若，聖觀自在，來自彼方。此法玄妙。
藉是可免，投身彼道。或曾修持，護佑諸尊。任擇一尊，
觀想身形，持久不散，似有實無。猶如術者，所變幻相。
此即所謂，淨幻之相。次觀彼尊，自外向內，逐漸隱斂，
至不可見。次觀自身，忽在光明，真空之境。心無執著，
安住片時。再觀彼尊，再觀明光。如是反覆，依次觀想，
末觀自識，亦然如此，自外向內，逐漸隱斂，至不可見。
空遍一切，識遍一切。識遍一切，即是法身，遍一切處。
安住法身，不生之境。在此境界，即證無生，即證圓覺。

【第二章】

轉生法門

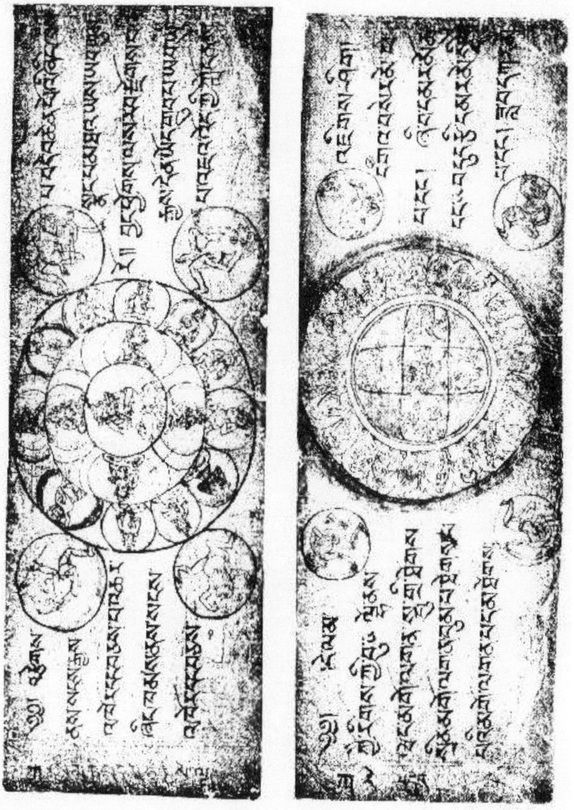

閉塞胎門

亡者生前，修持不力，不親正法，仍未了悟。妄念難制，徘徊胎門。閉塞胎門，導示極要。呼亡者名，誦念如左：

尊貴佛裔，設於導示，仍未領悟，迄於此時。因爾業力，不由自主，或往上升，或向前進，或竟下墜。應即觀想，聖觀自在。切記勿忘。此時忽有，如上宣示，疾風暴雨，冷徹骨髓。冰雹交加，無間黑暗。有如群眾，追逐加害，意欲逃避。以無善業，反墜苦趣。具諸善行，自得往生，上界樂土。尊貴佛裔，爾在此時，業感何道。彼道境界，立時現前。於此關頭，一心諦聽，甚深微妙，重要法門。以往導示，縱未能明，今茲宣說，當能了悟。即於聖教，修持不力，亦可證入。是以爾應，靜聽念誦。

此時如用，閉胎法門，極為重要，極堪注意。主要法門，被分兩步，一為制止，勿入胎門，一為閉塞，當入胎門。

制止亡者勿入胎門

尊貴佛裔（並呼其名），安住觀想，不論為何，護佑之尊。譬諸觀想，水映月輪。雖無有月，了了分明。恰如術者，所變幻相。設未曾修，護佑之尊。應即觀想，聖觀自在。或竟觀想，誦法之人。心作是念，安住觀想。次應觀想，護佑之尊，自外向內，逐漸隱斂。次再觀想，真空明光。心無執著。如是甚深，微妙法門，藉此法門，決不入胎。

第一閉胎法門

如彼觀想，設爾未能，制止爾身，進入胎門。則當爾正，入胎之時，尚有妙法，閉塞胎門。諦聽指示：

「投身中有，今已現前。心當善持，純一意念。中有境內，善業相續。閉塞胎門，以為敵故。虔誠敬愛，今茲需要。於彼嫉妒，捨除無餘。一心觀想，雙身上師。」

上來偈語，反覆念誦，口齒清晰。憶持其義，如義觀想。依此修習，實屬必需。

上來偈語，意義如下：「投生中有，今已現前。」其意明示，爾正徘徊，投生中有。如爾矚水，或爾照鏡。其中不映，爾貌爾身。爾身亦不，投射影形。蓋爾已捨，粗礙為質，

血肉色身。此即中有，顯著象徵。亦即證明，爾正徘徊，
投生中有。
此時爾應，純一意念。心不狂亂。純一意念，極為重要。
恰如馳馬，控之以韁。
此時爾作，任何意欲。意欲之境，當即現前。是以不應，
心起惡念。誠恐念起，前途轉變。心應繫念，中有教法，
誦法僧侶。生前如聞，上師說法，為爾灌頂，許爾修習，
密教經典，亦應憶念，心神繫合。「善業相續」，切要之極。
此時不應，心起妄念。上升下墜，界限分明。如再躊躇，
一剎那間，長劫受苦。在此關頭，「心中善持，純一意念。」
務使「善業，相續」不絕。爾今已值，閉胎之時。「虔誠敬愛，
今茲需要。」偈文暗示，閉塞胎門，共有五法。此為最先，
閉胎法門。善自憶念，持久不釋。

第二閉胎法門

尊貴佛裔，爾將目睹，男女居室，幻狀如真。設有所見，心毋妄想，置身其間。應即視為，超人上師，與其佛母，觀想不釋。敬禮信仰，心觀供養，至極虔誠，決定祈求，佛法加被。

即此決定，胎門必閉。設仍不閉，頓覺自身，墜入堪虞。立即觀想，超人上師，與其佛母。或竟觀想，護佑之尊。或觀雙身，聖觀自在。觀想不釋，心作供養，虔誠決定，祈求加被。如是行之，胎門自閉。

第三閉胎法門

縱經上示，胎仍未閉。爾覺自身，墜入堪虞。今將示爾，抑制愛憎，第三法門。

受生種類，計共有四。卵生胎生，遷識往生，乃至超生。

四生之中，卵生胎生，性質相似。

上來宣示，男女居室，幻狀現前。此時設起，愛憎之念。

立入胎中，受生為馬，或為雞犬，或為人類。

當感男身，能知之識，忽起妄念，自覺為男。即於所見，

男女兩者，深憎其男，愛悅其女。當感女身，能知之識，

亦起妄念，自覺為女。即於所見，男女兩者，深憎其女，

愛悅其男。當彼男女，坎離相合，沉醉之頃。能知之識，

妄念增上，俱感欲樂。頓入昏迷，無所知覺。迨及甦醒，

已在卵中，或在胎中。出胎張目，已成犬子。生前為人，

今已變犬。犬窩之中，飽經苦痛。或變小豕，在欄生活。

或變為蟻，為穴勤忙。或為昆蟲，泥孔蠐螬。或為羔羊，

或為牛犢。如是身形，歷劫難換，橫骨骾喉，愚蠢可憐。

且復備受，種種痛苦。其落地獄，或感惡趣，或竟遍歷，

六道輪迴，亦復如是，受苦難言。
世人不乏，執迷不悟。妄圖生死，不知畏懼。一何可悲，一何可歎。間有未聞，上師說法。頓即如是，墜落懸崖，沉淪生死，受苦不堪，永無停息。若爾不願，如斯遭遇。幸聽導示，憶持在心。
爾應遏止，愛憎之念。並應記取，今茲所示，閉胎之法。上偈所謂：「閉塞胎門，以為敵故。虔誠敬愛，今茲需要。於彼嫉妒，捨除無餘。一心觀想，雙身上師。」即指此時，上不云乎？當感男身，愛女憎男。當感女身，愛男憎女。隨起妄念，於彼男女，頓生嫉妒。
此時教法，甚深玄妙。尊貴佛裔，愛憎妄念，生起之時，應即觀想，思維如左：
「惡業熾盛，至於此極。因著愛憎，迄淪生死。設不自拔，猶著愛憎。自陷生死，苦海無休，長劫不出。余於今日，當棄愛憎，嗟乎余身，自茲而後，愛憎妄念，永不滋生。」

如是觀想，堅爾心意，勿渝爾志。密教修法，如是諦示：

「惟立此志，胎門方閉。」

尊貴佛裔，心毋散亂。一心決定，勿渝此志。

第四閉胎法門

縱依上示，未閉胎門。亡者自覺，躍入堪虞。第四法門，不實如幻。依法而行，胎門應閉。善自作意，諦觀如左：

「嗟彼男女。狂風暴雨，霹靂巨聲，可怖相狀，一切現象，究其實際，無一非幻。雖似有相，實無自性。如幻不實，如夢如寐，無常無定。何愛之有？何懼之有？非為實有，見為實有。一幻本從，自心變幻。能幻之心，既非實在。

所幻現象，何能獨有？」

「以往迄今，迷而未悟，認無為有，以假作真，視幻為實。至今沉淪，生死海中。如再不悟，一切皆幻。余將長劫，流轉輪迴，淪入惡趣，備受痛苦。」

「誠哉一切，如夢如幻。又如回聲，陽焰化城，海市蜃樓，鏡花水月，幻燈映景。無一剎那，有其實在，惟虛不實。」

一心推求，了知非實。能知相續，如是了達，不再迷惑，如倦思還。了達無實，胎門自閉。

第五閉胎法門

如上導示，觀幻之法，未能澈悟，萬象實無。胎門未閉，投入堪虞。應再導示，第五法門。觀想明光，閉塞胎門，善自作意，觀想如左：

「觀彼一切，即我自心，心即是空，不生不滅。」

如是觀想，令心安住，無生之境。譬諸傾水，入於水中，自然和合。令心自在，入於本來，不可變易，動盪自如，明淨之境。保持如如，無生狀態。四生胎門，定自閉塞。持久觀想，以待成就。

閉塞胎門，甚深妙法，廣如上述。上智中智，下愚人士，如不得度，應無是理。云何如是，因緣有四。一因有情，中有境內，各具漏通。遇有導示，俱能了悟。二因生前，雖屬盲聾，今在中有，六根齊全。遇有導示，善自能聞。三因有情，中有境內，怖畏追逐，善自為計，性自驚覺。有所導示，自願聽聞。且彼識體，已失憑藉。無論何處，隨念可至。四因有情，記憶明晰，九倍生前，生前魯鈍，然在中有，業力使敏。有所導示，善能觀想，易於成就。具足四因。自易得度。以是四因，如為亡者，修作佛事，必能奏效。中有救法，繼續念誦，四十九日，足以重要。一次導示，縱未得度。再次導示，自能解脫。以此備有，如許種種，導示法門。

選擇胎門

間有眾生，雖經囑令，專一心念。惡業障重，歷劫乏善，不習淨行，仍不得度。設在眼前，胎門未閉，今當教以，擇胎之法。先誦諸佛，菩薩加被。並誦三皈，再呼其名，導示如左：

尊貴佛裔，一心諦聽。上來教法，詳為爾說。爾仍不悟，胎門未閉。爾今已屆，受生之時。今再導示，甚深妙法，依此教法，選擇胎門。注意諦聽，信受毋忘。

受生景象提示警覺

尊貴佛裔，諸受生處，各有特徵。今將現前，應即了悟，
何洲較勝。善自鑑別。
爾若感生，東勝身洲。將見湖中，雌雄鴻雁，水面追逐。
萬勿往生。一心憬悟，勿往求生。如生彼洲，雖得安樂，
佛法不聞，故不可往。爾若受生，南贍部洲。其處宮室，
壯麗輝煌。如必求生，此洲較可。爾若受生，西牛貨洲。
將見湖濱，牛馬放牧，牝牡合群。但應速返，不可前往。
洲雖富饒，佛法不聞。亦不可往。
爾若感生，北俱盧洲。將見湖濱，樹木四周，成群牲畜。
往生此洲，享壽雖高，並受福報，以無佛法，是以勿往。
上來四洲，受生徵兆，一一提示，令爾警覺。應即了悟，
慎毋輕往。若生天道，將見宮殿，眾寶莊嚴，福感此土，

可往受生。

若感修羅，爾將目睹，悅目林樹。或見火圈，相向旋舞。

一心憬悟，勿往求生。無論如何，不可前往。

如感畜道，目所能擊，山穴石窟，地有深洞。煙霧彌滿，

決不可往。如感餓鬼，將見原野，荒無人煙，林木不生，

地裂淺孔。或睹空林，衰草枯根。若生此道，飢渴慘苦，

曷有既極。一心憬悟，勿往受生。努力振作，切勿前往。

若感地獄，將聞歌聲，惡業所感，悲哀淒切。身墜其中，

不可抗拒。所矚之地，黑暗無間。屋宇散佈，黑白交錯。

遍地阱穴，道路昏黯。如往彼處，即淪地獄。烈火寒冰，

不堪其苦。一入此中，求出無期。是以不應，置身其中。

上來所示，努力振作，今尤需要。

追命惡鬼防護法門

尊貴佛裔，業力所感，追命惡鬼，身後追逐。身不由主，
逕自前進。唯非所願，誠非得已。爾前亦有，追命惡鬼。
如為劊手，導赴刑場。同時忽起，迷目黑霧。業感旋風，
雨雪交加，雹石狂擊，冰刀旋舞。心頭驚悸，思欲逃遁。
正在畏怖，急求棲避。忽見宮殿，岩穴地窟，草莽荒漠，
涸池枯蓮，廣如上述。急思逃避，不加細擇。任入一處，
潛伏不動，懼不敢出。心中思維：「今如外出，災苦不免。」
既因畏懼，不敢復出，於彼棲所，心生貪著。噫彼棲所，
竟為母胎。設因畏懼，逃避中有，可怖相狀。任擇棲所，
或擇母胎，隱匿不出。自必取得，下劣生身，受諸苦難。
上來情景，不啻顯示。惡鬼夜叉，橫加滯難，阻生善土。
此時亦有，甚深妙法。諦聽導示，注意勿忘。

此時若有，追命惡鬼，自後追逐。種種恐怖，於焉生起，
立即觀想，無上裸身，大黑天王，馬頭明王，金剛手尊。
或竟觀想，素所供奉，護佑之尊。圓滿莊嚴，身肢俱偉，
怒容可怖。將彼惡鬼，一一摧滅。一剎那頃，觀想成就。
藉有恩波，藉有威力，追命惡鬼，不敢近身。於是爾得，
從容擇胎。此為重要，微妙法門。信持在心，勿得忘失。
尊貴佛裔，禪定諸佛，菩薩諸尊，所現相狀，等持之力。
至於餓鬼，某類惡魔，乃係亡魂，經歷中有，心念變易。
身隨心變，保持不失，頓成餓鬼，惡魔羅剎。具有神變，
易形之力。一切餓鬼，上下空間，稠密充塞。並有惡鬼，
八萬種類。均屬中有，意生之身。變易心念，遂具此體。
此時若憶，大手印法，入定觀空，最為上乘。若未習此，
推究一切，如幻不實。此並不能，心毋為動。一意觀想，
護佑之尊，聖觀自在。自能證得，報身佛道。

遷識往生，人道轉生，兩法門中任擇其一

尊貴佛裔，設因業力，必須入胎。今當詳說，擇胎妙法，
諦聽勿忘。爾所見胎，任為何種，爾不應入。追命惡鬼，
若迫令入，即應觀想，馬頭明王。
爾既賦有，漏通神力。受生處所，各有幻境。一一現前，
善自辨識，善由選擇。
遷識往生，佛國淨土，或擇不淨，人道胎門。兩法門中，
任擇其一。成就之道，詳示如左。

遷識往生佛國淨土

佛國樂土，往生法門，觀想如左：

「余何苦哉，無始劫來，以迄今日，輪轉生死，苦海之中。余何痛哉，迄仍未悟，識我不二。未能解脫，轉成佛道。今於輪迴，已生嫌惡。可怖可厭，時機已至，亟應捨離。此後誓當，勇往直前。求生西方，極樂世界。虔誠祈求，彌陀如來。佛力加被，蓮花化生。」

如是觀想，堅持爾願，往生彼土。或願往生，最勝樂土，或願往生，不退轉土。或願往生，無上妙行。成就樂土，或願往生，無量蓮花，光焰國土。早夕得親，淨蓮花生。或願往生，任何佛土。堅持爾願，一心不亂，自能感應，立生彼土。

或願往生，兜率內院，親近彌勒，亦當同此，堅持爾願。心作思維，雖處中有，時機已熟。我今當生，睹史內院，親見慈尊。佛力加持，投入蓮胎，花開見佛。

轉生人道，復入塵世

遷識往生，若不可能，爾並喜欲，投入人胎。或因業力，必須入胎。今將導示，選擇非淨，輪迴胎門，甚深妙法。諦聽勿忘。

以爾漏通，周察四洲。見有佛法，應即往生。

身若出自，坎離和合。鼻觸香味，即為吸引。黏附坎離，胎中受生。此時所起，任何景象。於彼景象，勿視為實。勿生喜愛，勿生憎惡，善胎自得。具願往生，極為重要。

此際心述，爾願如左：

「余當生為，世間之王。或為梵門，偉大猶如，娑羅之樹。或生瑜珈，行者之門。或生世系，淨無玷瑕。或生家族，信奉聖教。如是受生，具足福報，利樂眾生。」

如是思維，如是具願，始入胎門。同時發射，恩波淨光，
加持其胎。觀想入時，轉成天宮，敬信十方，諸佛菩薩，
護佑諸尊。尤為重要，聖觀自在，慈恩加持，懇切祈求。
擇胎之際，舛失難免。蓋因業力，善胎輒被，認作惡胎，
惡胎間亦，誤為善胎。今再導示，重要妙法。諦聽如左：
縱令胎善，勿起貪愛。如為惡胎，亦毋憎嫌。心無愛憎，
念離取捨，不生分別，是為妙法。除彼少數，素習等持，
妄念不起。其餘有情，業感積習，不易排除。

亡者設未，捨棄愛憎，既無宿慧，惡業又重。必致落入，畜生道中。
縱生人道，心性如畜。再呼其名，示令避免。

尊貴佛裔，設爾未能，捨離愛憎。或爾不悟，擇胎妙法。
任何景象，現於爾前。祝告三寶，敬求皈依，虔誠祈禱，

聖觀自在，昂首前行。善自了知，已落中有。身後所遺，子女眷屬，已非所有。貪戀之念，應即遣除。進入天道，白光途徑。或趨黃光，重生人道。見彼宮殿，象室莊嚴。見彼園林，賞心悅目。逕入其中，不須顧慮。

反覆念誦，上文七次。然後舉誦，「虔請諸佛菩薩偈文」，「祈護中有險難偈文」，「六種中有警策偈文」，「護免中有恐怖願偈」。以上四偈，各誦三遍。然後殿以「五蘊之身解脫靈咒」，「常誦自度儀軌法頌」。

最後結述

誦念教法，如屬得當。瑜珈行者，智力進展，命終之時，遷移靈識，奏效極巨。不須經歷，中有境界。將由偉大，直上途徑，頓證法身。密法修習，成就較次。如在亡後，實相中有，藉是教法，辨認明光。

亦由斯徑，證取報身。成就更次。亡後二週，實相中有，安樂忿怒，諸尊現前。各依功候，各依根器，一一得度。此中關捩，歷歷可數。何處證悟，何處得度。根器滯鈍，惡業障重，一再下沉，投生中有。教法多門，逐步導示，如登梯級。任何一步，當得了悟，超脫生死。即彼業重，根器極劣，不能辨識，恐怖橫生。經示種種，閉塞胎門，擇胎方法。任擇一法，當能領悟。依法觀想，佛力加持，轉劣為勝。縱具惡根，心性似畜，一心皈依，能免諸苦。並獲圓滿，具足八勝，人身利榮。復在後有，得值大德，上師說法，如願超脫。亡者已落，投生中有，得聞教法，善因相續。猶溝淤塞，疏之使通。教法之妙，可以概見。

縱有眾生，惡業太盛，聞法悟證，亦能得度。所以然者，蓋因此時，安樂忿怒，諸尊接引。魔王魔軍，亦來勾攝。一聞教法，心隨法轉，自可得度。亡者已棄，血肉之體，惟具意身，感應自易。亡者具有，少分漏通，聞法回憶，頓即領悟，心隨法轉。此時誦法，具大功用。譬諸弩砲，發石中鵠。如大樑木，百人莫負，設浮水面，任意曳行。

又如馳馬，以轡馭之。
亡者遺體，如尚在室。當傍其體，反覆念誦，清晰動聽。迨至血液，
黃色分泌，流自鼻孔。此時慎毋，移動其體。欲期誦法，發生效果。
尤當遵守，下列數事。勿為亡者，殺害牲畜。切忌眷屬，傍屍哭泣。
盡力佈施，修諸功德。
此外應在，亡靈之前，講解教法，任何經典。教法誦竟，如能繼誦，
修道次第，尤具靈效。復次平時，朗誦教法，常恆不斷。人人記憶，
教法文義。一旦命盡，死相已著。彌留之際，應自背誦，深味其義。
精力已盡，則由友伴，為之朗誦，栩活動聽。自能得度，真實不虛。
教法之妙，不藉禪定，不假修法，一度閱讀，亦將超脫。如是妙法，
讀者聞者，均可得度。惡業障重，亦藉教法，祕密加持，解脫生死。
是以教法，語句文義，切應記憶。七獒吠逐，亦勿忘失。
藉是妙法，命終證果。三時諸佛，擇法應機，無逾於此。中有聞教
得度密法，至是已竟。

中有聞教得度密法附編

本書原稿之末，緊接正文。有偈文十三葉，為木刻本所無。誦法喇嘛口授耳傳，應用之時卒能背誦，譯出如左：

（一）虔請諸佛菩薩偈文

彌留之際，虔請諸佛，菩薩加被。其文如左。

應由自身，或其眷屬，盡所能備，供養三寶，心復觀成，廣大供養，手持妙音，竭誠致敬，唱偈如左：

常住十方，諸佛菩薩，大慈大悲，具足漏通，慧眼觀照。

慈佑有情，悲願不捨。降臨享受，方便獻供，心觀供養。
慈悲諸尊，具一切智，具大悲願，具足聖行。護持有情，
無量無邊，不可思議。慈悲諸尊，有情（某某），出生入死，
棄絕塵寰，險難當前。無伴獨行，孤苦無極。無護無佑，
無助無依。離鄉別井，日暮途窮。如入重霧，如墜懸崖，
如奔林莽。業力追逐，如落大荒，如漂大海。業風吹蕩，
身不能停。間為仇執，間遇惡鬼。閻摩使者，望之可怖。
業感生死，循環不已。掙扎力盡，顛沛堪憐。
慈悲諸尊。有情（某某），無護無恃。懇祈悲愍，垂救護持。
慈恩加被，如護愛子。助之消除，中有愁苦。遮止業風，
遮離惡鬼。安全拯出，中有險境。
慈悲諸尊。不捨悲愍，不捨宏願。護之佑之，勿趨諸苦。
諸佛菩薩，普惠加被，攝以光鉤。勿任淪入，業感苦趣。
敬懇三寶，恩垂加被。護離中有，無盡痛苦。

主法唱導，眾人隨念，至極虔誠，反覆三遍。

（二）祈護中有險難偈文

十方三世，諸佛菩薩，普賢如來，安樂部尊，忿怒部尊，海會勝眾，上師諸天，空行天母。慈悲垂聽。敬禮上師，天母之眾，垂愍導引。不悟幻妄，淪入生死。願傍光明，聞思修道。灌頂上師，導引在前。諸部佛母，護佑於後。惟願拯離，中有險難。惟願證得，圓滿佛果。嗔恚為因，淪入生死。大圓鏡智，炳然照耀。金剛薩埵，導引在前。藍衣佛母，護佑於後。惟願拯離，中有險難。惟願證得，圓滿佛果。驕慢為因，淪入生死。平等性智，炳然照耀。寶生如來，導引在前。慧眼佛母，護佑於後。惟願拯離，中有險難。惟願證得，圓滿佛果。貪欲為因，淪入生死。妙觀察智，炳然照耀。彌陀如來，導引在前。白衣佛母，護佑於後。惟願拯離，中有險難。惟願證得，圓滿佛果。
嫉妒為因，淪入生死。成所作智，炳然照耀。不空如來，
導引在前。救苦佛母，護佑於後。惟願拯離，中有險難。
惟願證得，圓滿佛果。無明為因，淪入生死。法界智光，
炳然照耀。大日如來，導引在前。天空佛母，護佑於後。
惟願拯離，中有險難。惟願證得，圓滿佛果。幻妄深執，
淪入中有。願傍光明。恐怖消除。忿怒諸尊，導引在前。
大忿怒母，護佑於後。惟願拯離，中有險難。惟願證得，
圓滿佛果。積習為因，淪入生死。俱生智光，炳然照耀。
勇武持明，導引在前。空行天母，護佑於後。惟願拯離，
中有險難。惟願證得，圓滿佛果。
惟願空大，勿起為敵。惟願親見，藍光佛土。
惟願水大，勿起為敵。惟願親見，白光佛土。
惟願地大，勿起為敵。惟願親見，黃光佛土。
惟願火大，勿起為敵。惟願親見，紅光佛土。

惟願風大，勿起為敵。惟願親見，綠光佛土。
惟願霓光，勿起為敵。惟願親見，一切佛土。
惟願中有，一切音聲。如實了知，惟為自音。
惟願中有，一切光焰。如實了知，惟自光焰。
惟願三身，真實自性。中有境內，如實辨證。

（三）六種中有警策偈文

處胎中有，境象現前。精進修持，懈怠當捨。心住實相，
聞思修道。色心自性，悟證三身。一度獲得，暇滿人身。
剎那不懈，免虛此生。睡夢中有，境相現前。長睡如屍，
無明當捨。願識安住，本然之境。睡夢自性，神變明光。
勿效畜類，慵懶可鄙。觀夢禪定，雙修堪貴。禪定中有，
境相現前。散亂妄念，悉當排除。久住等持，心不散馳。
觀想不變，成就堅定。一心參禪，無作無念。邪緣愚癡，

勿來相擾。命盡中有，境相現前。貪著愛欲，劣意應捨。
惟願契合，正覺光明。惟願證入，無生法忍。血肉之體，
此時應捨。了知此身，非常虛幻。實相中有，境相現前。
一切現象，恐怖當除。任何幻相，自識所變。中有形相，
惟幻不實。千鈞一髮，正在此時。安樂忿怒，識幻何懼。
投生中有，境相現前。一心具願，堅持勿失。善業相續，
精進無間。惟願胎閉，憬悟不入。努力隨喜，今為其時。
觀想雙身，棄絕愛憎。大限已至，何猶踟躕。所為無益，
徒負此生。時機消失，何得謂智。如入寶山，空回堪嗟。
既知佛法，為爾所需。於彼教法，何不修習？偈文結示。

大成就師，曾作開示。上師傳法，不善憶持，無異自害，學人應戒。
基本偈文，重要須知。

（四）護免中有恐怖偈文

余今已屆，報盡之時。生前眷屬，於我無益。孑然一身，
徘徊中有。安樂忿怒，諸尊垂愍。無明愚闇，消除無餘。
捨離親愛，孑身徘徊。所見幻相，自識變現。惟願諸佛，
慈恩加被。威力解除，中有恐怖。
五智之光，炳然照耀。願無恐怖，證為自體。安樂忿怒，
諸尊顯現。得悟中有，幻相無懼。
惡業力重，備嘗諸苦。安樂忿怒，消災除苦。實相之聲，
千雷隆隆。願悉轉成，大乘法音。
業障纏身，無怙無恃。安樂忿怒，諸尊護佑。業障結習，
備受諸苦。明光等持，現臨我前。
投生中有，遷識往生。天魔邪光，願毋臨前。具願往生，
任何樂土。願得消除，業幻恐怖。
荒野猛獸，吼聲可怖。願得轉成，六字大明。雨雪交加，

風霧狂捲。當藉天眼，智光燭照。
中有共業，一切有情。各無猜忌，往生勝土。餓鬼飢渴，
地獄寒熱。願得免除，如是苦楚。
未來父母，居室幻相。視同安樂，忿怒雙身。隨處轉生，
利樂有情。獲圓滿身，具諸相好。
惟願轉生，具得男身。見我聞我，悉令解脫。遮除惡業，
毋再追隨。任何福報，其福倍增。
惟願轉生，任何處時。得值安樂，忿怒諸尊。生而能言，
生而能行。智通宿命，善憶前生。
上中下士，菩提道次。見聞思道，無不精邃。任生何處，
具大吉祥。一切有情，均獲利樂。
安樂忿怒，莊嚴妙身。眷屬壽命，無邊國土。乃至諸尊，
聖善佛號。我與眾生，願同證得。
安樂忿怒，普賢佛光。滿淨實相，法身恩波。瑜珈行者，
密法修持。幾有所願，無不成就。

書後迴向

本書稿本之末，有編集者某喇嘛之迴向偈文。如左列密義，世人應自卑。獨經文巍然在上，世所共仰。某喇嘛謹守此義。不稱其名。

今我立意，滿分清淨，編集教法。藉是善因，惟願各世，無護無佑，生身之母，同證佛道。妙吉祥光，遍照人道。並願此書，同致吉祥。具足福善，我願圓滿。

憶童年於北京白普仁壽者建造七佛壇城，余拜會藥師佛一部而不知為何修持後，二十年甲申於重慶蒙王懷琪居士代上師不空海金剛傳修持儀軌，始獲法益。三十八年由南京來台同事沈鉅川以《中有聞教得度密法》一部與余交換伊文思溫慈《大手印瑜珈法要》。余初不以為意。後沈兄返渝。余檢視行囊之內，則赫然藏密要典相易，突然又不知需若干年後，方能拜遇高僧大德傳斯要道矣。讀書後迴向偈文，並願此書同致吉祥具足福善句，深信終有因緣將聆究竟也。

幢補空白頁謹誌

依十三年甲子而至三十三年甲申一遇，則庚子之歲，或能有緣遇合，戲書以待

中有聞教得度密法附錄

美國伊文思溫慈

附錄共七節，所以補本書序文之不足而詳其所略。目次如下：（一）瑜珈學；（二）密教修持法述要；（三）真言說；（四）上師門徒灌頂概論；（五）實相論；（六）南北佛教與耶教之綜合比較；（七）中古世紀耶教之冥判說。

（一）瑜珈學

瑜珈者，英文為「yoga」一字，源出梵語，其字根為「yuj」，「連接」為義。復與英文動詞「to yoke」密切混合。其意隱含下劣人性與超人聖性如是連接或配合，使聖性得支配人性之狀態。此種狀態，乃由調伏心念而生，中有教法之所以能順利實施，其主要關鍵在此。普通人類，為虛妄觀念所覆蓋，以為宇宙現象與感官所證知之一切相狀，均為實有。依是妄念，念念取相，任運而轉。心為充塞，心為所蔽，正知遮斷，所謂無明者，即由是生起。須俟一切愚蒙錯誤觀念，自心掃除，根本斷絕，方能了悟心之如如不變，本來性境。蓋心之念念取相，任運而轉，均由無明而起。本性既悟，則心靈妙明。本書中之法身本來明光，即其象徵也。

鏡蒙層垢，不能鑑照晶瓶，滿貯污水，不能透視。常人之心，為異教邪說所蔽，不得正知，亦復如是。瑜珈者，所以去垢使明，而澄水使清也。其為法也，未嘗無學理根據。是以人心，設依瑜珈，去垢使明，澄之使清，則實相之光映，而本性見矣。人之妄見，如埃及女神伊雪司（Isis）之面幕，無垢無染之實相，為所隱匿，莫能窺見。幕破，則所隱自現。破幕之成就，惟藉具有實驗結果之心靈定則，猶歐美化驗室之必用具有實驗結果之物理定則也。金含雜質，可用化學方法提離，則知見之真妄，自可以瑜珈方法使之劃分。

本書之根本教法，亦如根本佛法。非有正知，難期實用。佛教徒終其身修持，冀獲正知，不應僅恃信心與理論，抑且有賴於悟證。而正知之悟證，尤非依瑜珈指示，調伏心念不為功。各宗論藏，莫不證實斯意。

瑜珈學派，各有所宗。紛紜複雜，無煩檢討。蓋印度教、佛教以及其他教派之調伏心念理論，其專門名詞，與其純淨哲學或理論部分，往往迥不相同。編者與各派瑜珈行者，朝夕相共，切磋甚久，深知試將密義分析至最後結論，各派瑜珈之目的，無不相同。質言之，即脫去生死或現象之桎梏。印度教徒謂之解脫，而佛教徒謂之涅槃也。

本書多半教義，如以智力了解。至少須具有瑜珈學初步之說明。一如我人上來所述者。試以瑜珈特殊教理之一端而論，正文內一再述及之明光，於人類命終，心念極易感應之際，即自現前。如以瑜珈行者之觀點解釋之，自較適當。如是明光，實象徵人類在亡時與中有先後所見之境界。此時識之見分，如無宿業結習為障，則中有一切現象與幻狀，無由生起。亡者面對本來明光，即悟實相。彼時並能如願離苦，而入涅槃，超脫生死輪迴。

心靈澈悟若此，乃無數生正行之結果。是以殊不多見。本書教法，意在嘗試使垂死或已死之人，人人能入悟證之途。然據密教徒之主張，仍須於生前修習禪定，於調伏心念有所成就，並於命盡之先，獲得正知，心靈妙明（意謂在生前即證明光大樂之境），方期有成。否則心靈並未啟迪之人，罕有能了悟明光之性者。

（二）密教修持法述要

本書與修持法多少不無關係，因此其教法，以基於瑜珈哲學者為多。上來既述瑜珈之大意，則修持法於讀者亦有認識必要。是以在本節內作一概述，以補充之。言雖簡，而意實詳盡。

本書第一卷內，曾提及亡時身體靈熱流動情形。茲依照修持法先為說明如左：

身體靈熱。——人類識體（即能知之智）（prāṇa，氣或風）轉生之時，攝持於五俱舍（kośa）之內。俱舍者梵語，此譯云藏。計為：一、物質體藏（Anna-maya-kosha）；二、靈熱藏（Prana-maya-kosha）；三、意識藏（Mano-maya-kosha）；四、潛識藏（Vijnana-maya-kosha）；五、超越一切之實相極樂識藏（Ananda-maya-kosha）。

靈熱藏執持身體熱流，可析為十種氣流（梵名「vayu」者，呼吸之義，蓋指靈熱之推動力也）。氣流為陰性之靈熱，司人體內部及周身之運行，與柏拉圖氏密義所謂「內在之靈司宇宙身之妙用」者極相類似，十氣流中，五為基本之流，一司呼吸（prana vayu）；二司熱流之上升（udana vayu）；三司熱流之下降（apana vayu），下體排洩之氣質液體，均由之推動；四為氣流之集體（samana vayu），燃起身中之火，食物藉以消化，而由血輸送、五司體質之新陳代謝（vyana vayu）。其餘較小氣流，則分司胃之呃逆，眼之開合，消化之助力，口之欠伸噫氣，肌肉之伸張。

靈脈（Nadi）。——本書第一卷所謂智慧中脈者是也，瑜珈梵典云：人體內有十四主要靈脈，數十萬較小靈脈。西方心理學家所謂人體有主要神經及枝末神經，為數極多。靈脈與神經，名稱雖似，而性實不相似。蓋靈脈為靈力流動之導管，目力不能及。靈力為氣流推動，由是分佈。

十四主要靈脈之中，三為基本要脈，本書內稱為中脈（sushumna-nadi）、左脈（ida-nadi）、右脈（pingala-nadi）。中脈為主，據脊柱孔隙，人為大宇宙中之小宇宙，是以脊柱可謂為人身之須彌。左右兩脈，盤繞中脈，如希臘神話所傳天使罕默（Hermes，赫美斯）所持之杖，有二蛇纏繞。據云：天使之杖，象徵中脈，繞杖二蛇，則為左右二脈。設如所傳，則東西密義象徵之如何符合，亦可明矣。

靈脈蓮穴（Chakra，輪）。——中脈為人體靈力經過之孔道，靈力集中穴內，沿中脈逐一層列，並藉中脈一一銜接，如發電之機。中脈由是滿貯靈熱（或稱靈液），一切心物，均恃之運行。靈脈蓮穴，主要有六。第一穴名持根穴（Mūlādhārā，海底輪），在人身前後陰中間，為身體靈熱之密泉。亦即女神昆達里尼（Kuṇḍalinī，拙火）所據之處。其上為男女根穴（Svadhishthana，本我輪、臍輪），再上為臍穴（Mani-pura-chakra，太陽輪），再上為心穴（Anahata-chakra，心輪），再上為喉穴（Vishuddha-chakra，喉輪）。再上為第六穴（Ajna-chakra，眉心輪），在兩眉之間，即佛像或印度教神像慧眼所在。中左右三脈在此會合，並自此分離。

高出第六蓮穴之上，尚有無上蓮穴，名為千葉蓮穴（Sahasrara padma, Sahasrara chakra，頂輪），在人之心靈部分起因之處。譬諸小宇宙中之日球，遍照全體，中脈自此處逕達梵穴（Brāhma-randhara），人類命盡，識體即自梵穴而出。

瑜珈行者首先目的，即為警覺密教修持法所謂靈蛇之力，以女神昆達里尼為其象徵。如是神奇密力，在中脈植株之脊柱基地，持根穴內，潛伏不動，如為睡眠之蛇。一旦警之使起，即自各蓮穴一一穿過，如幻管之汞，扶搖直上，以達千葉蓮穴。然後由是噴放，散佈全體心靈各部。如雨甘露，咸霑其澤，瑜珈行者，如是充滿無上靈力，得證心靈妙明之境。

曼陀羅（Mandala）。——靈脈蓮穴，與本書有關者，以三穴為最要。即心穴、喉穴、腦穴（千葉蓮穴）是也。三者之中，尤以腦穴與心穴為主。腦穴亦名北穴，心穴亦名南穴，猶人體組織之南北二極，據傳在胎之時，亦最先成形，日球熱力積集，傳諸地球，是二穴即藉地球熱力構成（按即天地交泰之意）。

與上述三要穴相關者，為本書敘述之三總體曼陀羅（諸尊集壇之密義）。復按中有第一、二兩週，別為十四支分生曼陀羅。

三總體曼陀羅中，第一總體有佛菩薩四十二尊，依照實相中有最初六日，分成六支分生曼陀羅。一一諸尊，均自心穴出生。第二總體係第七日顯現之十持明部尊，自喉穴出生。第三總體有五十八尊，出自腦穴。依照實相中有第二週，分成七支分生曼陀羅。第一總體之四十二尊為安樂部尊，第三總體之五十八尊為忿怒部尊，兩共百尊，成一大曼陀羅。又屬於喉穴之十尊，亦為安樂部尊，如是連合，成為實相中有之圓滿大曼陀羅，共有一百十尊。我人應行注意者，在一切曼陀羅中，諸佛菩薩，亦面向東方，各有定位。

最初五日顯現之主要佛菩薩尊為五禪定佛與其佛母。第一日大日如來，獨自與其佛母現前，並無隨從。以後四日內，餘四禪定佛與佛母現前之時，各有隨從菩薩與佛母，亦各兩位。第六日諸禪定佛與菩薩眾，在一總體曼陀羅內共同顯現。另有八守門忿怒尊，六道六佛，普賢佛父佛母，共一十六尊，亦同時顯現。如是心穴一切佛菩薩尊，共四十有二。第七日喉穴持明十尊（本書開卷敬禮部分，稱為蓮部諸尊）現前。嗣後一週內，腦穴共顯現五十八尊。計最初五日，即第八日至第十二日，每日有禪定佛裸體化身與佛母各兩位，五日共有十位。第十三日現前者。有寒林女神與獸首女神各八位。第十四日則有守門女忿怒尊四位，異顏面首女神二十八位。彼彼諸尊，彼彼曼陀羅，彼彼蓮穴，各具合理解釋。蓋每尊自其所屬之蓮穴現前之時，不啻為與人類混合識體相連之若干情慾或動力，在亡後按宿業活動之表徵。譬之入觀神祕之劇，中有期間，逐日有優伶，表演於亡者之心房舞台。而亡者為惟一觀劇之人，劇之導演者，即為業力。亡者識體之較聖善成分，最初以本來明光之相現前，至極燦爛，以後光色，乃逐漸減少。亡者目睹幻景，亦漸無快感。此時心喉兩穴安樂諸尊，已易為腦穴忿怒諸尊矣。最後識體之純粹人性或獸性部分，復幻成忿怒部尊最凶惡相狀，或成極可怖之鬼魔形相。當其現臨之時，亡靈不悟自識變現，反生畏懼，遁避胎門，終為妄念所玩弄，永受無明之奴使。質言之，亡後意生之身，自中有超人襁褓時期，逐漸發育，至中有全體成熟為止，自此，仍在中有枯萎。迨至能知之智棄身投生，中有之體，即告滅無。與塵世之體，發育完全，逐漸就衰，亡後歸諸塵土者，情形正復相同。

依照密教修持法，靈脈蓮穴分成蓮瓣，各具意義。識體在中有期內表露之可能分離部分，由此可得若干線索。例如心穴。據述為紅色之蓮，具十二花瓣，每瓣代表人類主要個性一種如下：一、欲望、二、憂慮；三、努力；四、我見；五傲慢或虛偽；六；懈怠；七、自大；八；辨別力；九、貪慳；十、疑貳；十一、計度、十二、退悔。

喉穴之蓮有十六瓣。最初七瓣象徵七梵音，第八瓣象徵死亡之毒（人類不能免死之意）。其次七瓣代表七種心咒，第十六瓣為甘露之象徵。

腦穴之千葉蓮，每瓣按密義確定，具有五色梵文或藏文字母，或其象徵。此穴為其他穴之起源。諸凡存在於其他穴中或宇宙中之一切，均含潛在內。

禪定諸佛，具如本書他處以不同觀點所釋，每尊亦象徵宇宙固有之心靈特性。是以北方佛教修持者，供奉大日如來，以其為宇宙之力，一切心物形相均由之出生。金剛薩埵為不動如來之反影，亦為宇宙之力，供奉之，可使惡業藉善業以抵銷之。供奉寶生如來者，所求遂意，供奉彌陀如來，可獲長壽與智慧。供奉不空成就如來者，所以期工巧之成就。再金剛薩埵者，以其純密相狀而論。本書曼陀羅中，其餘安樂忿怒諸尊，均依之為歸宿。

（三）真言說

關於真言，本書內引述殆遍，其威力如何，當求之古代希臘之音樂理論，據謂任何特殊體質，均可藉其主音以摧毀之。以科學而論，如了悟振動之率，則整個真言問題，自可迎刃而解。蓋有機體之組織，各有振動之率。無生命體物自塵土以至高山，甚至星球太陽，亦莫不有之。故任何體相之振動率，求得之時，即可用其密力，使之分離崩解。

嫻於密義者，其所以能知任何佛菩薩尊之真言者，以其明瞭如何與彼彼之尊，樹植心靈或恩波（gift-wave）之交通，類似無線電或電信之交通。惟其力則超而上之。例如左道旁門，黑教巫者，能藉真言之力，呼風喚雨，召鬼使靈，緣四大與幽靈，亦各具振動之率。如以是率，構成真言之音，則四大與幽魂之體，即可藉此神祕威力，摧滅無餘，譬諸路劫者，以鎗端迫使旅人捨棄財物，黑教邪術之隨意以真言役使神鬼，亦即此意。

真言，以與幽靈及心物各力之振動率相符，其聲具無上威力。以此之故，密教徒謹慎保持，不輕傳授，並為繼續保持起見，確定上師傳統。一切真言，均歸保持。門徒之入選為密教傳缽者，亦必詳經試驗，方受寶物之付託，而為保持之人。

門徒於經過試驗之後，由上師授以真言，賦予使睡眠女神（昆達里尼）之威力，真言念動之時，彼女神即驚覺，應召而至。彼時上師之助極為切要。蓋振起之女神，雖能為用，亦能為害。惟視真言之用得其當與否耳。

風之振動，發為巨聲。是以內在氣流亦可藉真言之音，推動為用。先由女神追隨真言微妙玄音，然後藉聖樂音調，使之自植根穴基地上升，穿過諸靈穴。迨至聖樂充滿千葉蓮穴，即能上達無上之師，並得感應。

本書一再指示觀想任何佛菩薩尊，蓋即思維彼尊主要特徵之另一方法。觀想之時，或再朗誦彼尊真言，可得相似瑜珈效果。緣任何一尊真言之音，出諸於口，彼尊之相，自能隨聲現前。

誦念真言，如失其調，難期感應。縱以真言形諸文字，在未入密者視之，亦毫無意義。是以無上師導引，不能生效也。

真言發音之正確，雖當知其實在音調，而身不清淨，亦為大礙。故修行者首要條件，應以淨業真言，滌淨口舌，加持真言之成就。似此行之，真言潛伏之力，自能振起。

真言用得其法，其力不可思議，賦予誦者以超常能力（梵語「悉地」〔Shiddhi〕，成就之意）。修聖教者，用之為福，黑教徒以之為禍，純視誦者之為何如人耳。蓋兩者心靈發越，同能收實施之效，所異者，一則可藉以了脫生死，一則終淪輪迴而已。

（四）上師門徒灌頂概論

本書處處訓示亡者或垂死之人，集中心念，觀想其護佑之尊或其超人上師。間復囑令憶念人間上師所傳密法。其於祕密灌頂時所傳者，尤應記持。瑜珈行者，與密教修持者，於解釋此類儀軌法時，輒述上師系統，謂應行虔奉供養之上師共有三系。最先與最高之系，純屬超人，梵語為「diryaugha」，意謂聖系。其次為心靈最發達而具有神通之人類上師，謂之神通系（siddhaugha）。最後為平常法師，謂為「manavaugha」，蓋人間系也。

上師如屬合格，無男女之別，皆可為之。至於門徒，則大都須見習，一年方受最初灌頂，一年屆滿，如經試驗，不堪造就，即不予灌頂。否則由上師收容，詳授瑜珈方法。見習之時，門徒僅遵上師之命，操習一切，以適合上師特殊所需。期滿，上師語以操習所以，與其成功之效。普通於上師選定之後，門徒即惟上師之命是聽，除經證明，上師復不能為進一步之導引時，門徒不得另投上師。門徒之具有善根者，進步甚速，其功候之深，可與上師相埒。此時上師自維，於門徒不再有所進益，自亦准其改投上師，以期深造。

上師為門徒灌頂，必先自作籌備，於舉行特殊儀軌之一週內，祈禱聖系上師給予恩波，並與聖系上師之聖土樹立直接交通，人類上師如具神通，則此類感通，正如塵世之無線電或電信交通，真實不虛。

迨至實施灌頂，上師授以祕密真言，門徒始為密法傳承之人，而與超人上師契合一體。故超人上師者，不啻一切上師門徒之聖父也。如此聖凡間之心物聯繫，其關鍵在乎身體之靈熱。（或名熱流。）蓋藉醒覺之靈蛇力，熱流直抵千葉蓮穴，即在此處，接受無上上師之恩波。如為無線電台收受電報者然。恩波如是傳入人體組織，猶如電流之導入真空管內，所觸之處，熱極生光。此時灌頂真實成就，而門徒心靈妙明矣。

按諸印藏密義，無上上師住在千葉蓮籽殼之內，門徒由上師導引，可藉女神昆達里尼靈蛇之力，逕抵此處，俯伏聖父之前，接受恩澤。於是幻網頓啟，明光映入門徒心中，毫無阻礙。聖力自無上上師通至門徒，如以燃燈。其他一燈，亦得光明。

灌頂時，所授祕密真言，類似埃及威力之語，聖凡路隔，藉以通行。入密者捨棄粗礙質體之先，心靈充分發達，並能於命盡之時，憶念真言，生死變易，自可保持識體。至門徒之圓滿成就者。縱一再轉生，識體相續，毫不斷失。

（五）實相論

佛教各宗，破斥靈魂之假定，謂自我永存，實不可能。蓋世人以業力為障，生起妄念，以為萬象或其相狀境界等，均為實有。結果，一切自我之生存，變遷無常，永無止息。質言之，佛學之論調，蓋謂實相非自性差別之心或識所能了悟也。

至於本書教義之要旨，則謂世人以心為人類所固有，各具自性差別，與其他人心，分離獨存。以此為魔力或無明所束縛，對於所幻輪迴，各道生存全境，均視為實在。是以遂入色界污土，不可超脫。

閃族（希伯來人遺種）古教，關於死後靈魂與自我常存，或入天堂，或入地獄之理論，世代相傳，深入奉教者之心，視為至理，無可比擬。佛教徒破斥其說，反謂佛教論調，隱含空無主義，指為謬妄。

再按本書意義，一切謬見妄信，如從心滌除，則不再為魔力左右。臻此境界，實相自能了悟。蓋一切業力暗障，一經自心掃盡，天道、地獄、塵世，萬象幻狀皆為實在之異教邪說亦剷除無餘，則正知現前，相即無相，色亦非色，真實光顯，無明消散，我見止息，差別性滅，諸苦隨滅，心物不二。人類識體，轉成超世之識，證取法身。夫如是，修行者始可謂為到達彼岸。

世尊說教而後，大乘佛教主要教義，初憑口傳。迨至西曆一世紀時，始由古德馬鳴菩薩（Ashvaghosha），形諸文字，並另在其不朽著作《大乘起信論》內闡述實相義理如左：

無明。——「真如本一，而有無量無邊無明，從本已來自性差別厚薄不同故。過恆沙等上煩惱依無明起差別，我見愛染煩惱依無明起差別。如是一切煩惱，依於無明所起，前後無量差別，唯如來能知故。」

「以如實知無前境界故，種種方便起隨順行，不取不念，乃至久遠熏習力故，無明則滅。以無明滅故心無有起，以無起故境界隨滅，以因緣俱滅故心相皆盡，名得涅槃成自然業。」

色法。——「一切色法本來是心，實無外色。若無色者，則無虛空之相。所謂一切境界唯心妄起故有，若心離於妄動則一切境界滅。」

「三界虛偽唯心所作，離心則無六塵境界。此義云何？以一切法皆從心起妄念而生，一切分別即分別自心，心不見心無相可得。當知世間一切境界，皆依眾生無明妄心而得住持，是故一切法，如鏡中像無體可得，唯心虛妄。以心生則種種法生，心滅則種種法滅故。」

虛空。——「虛空相是其妄法、體無不實，以對色故有，是可見相令心生滅。」

心色。——「從本已來色心不二，以色性即智故色體無形，說名智身；以智性即色故，說名法身遍一切處。所現之色無有分齊，隨心能示十方世界，無量菩薩無量報身，無量莊嚴各各差別，皆無分齊而不相妨。此非心識分別能知，以真如自在用義故。」

「如來之藏有色心法自相差別。……因生滅染義示現說差別故。」

「以過恆沙等煩惱染法，唯是妄有，性自本無。」

「究竟離妄執者，當知染法、淨法皆悉相待，無有自相可說，是故一切法從本已來，非色非心、非智非識、非有非無，畢竟不可說相。而有言說者，當知如來善巧方便，假以言說引導眾生，其旨趣者皆為離念歸於真如，以念一切法令心生滅不入實智故。」

本心之性。——「是心從本已來自性清淨而有無明，為無明所染，有其染心。雖有染心而常恆不變，是故此義唯佛能知。」

「若心體滅，則眾生斷絕無所依止。以體不滅，心得相續，唯癡滅故心相隨滅，非心智滅。」

「如人迷故謂東為西，方實不轉。眾生亦爾，無明迷故謂心為念，心實不動。若能觀察知心無念，即得隨順入真如門故。」

真如自體相。——「非前際生、非後際滅，畢竟常恆。從本已來，性自滿足一切功德。所謂自體有大智慧光明義故，遍照法界義故，真實識知義故，自性清淨心義故，常樂我淨義故，清涼不變自在義故。具足如是過於恆沙不離、不斷、不異、不思議佛法，乃至滿足無有所少義故。」

「以五陰法自性不生則無有滅，本來涅槃故。」

「一切法從本已來，自涅槃故。」

馬鳴菩薩為超然派之論師，不特本書所據之大乘無上哲學，其純正合理，可證之上來諸說，即我人所參末議，亦可賴之有所證實。

（六）南北佛教與耶教之綜合比較

北方佛教，有時稱為大乘，而南方佛教則為小乘。小乘之名意涉藐視，故南方佛教永不用之。本節所述多數資料，即以覘兩派之區別所在。

北方佛教有主教之制，僧伽組織完密，注重教儀。對於聖體化生，理論精微，禮拜灌頂，儀類耶教。實行儀軌修持之法，供奉禪定佛菩薩，及各部金剛之尊，信仰原始之佛。堅主修習瑜珈，哲理微妙，關於三身，著有卓越教義。凡是種種，皆為主要特點。

南方佛教則反是。僧伽組織散漫，絕無公認之領袖。既無如達賴喇嘛之教王，亦無如密宗掌教之班禪喇嘛。其教儀不堪與北方佛教相比擬，毫無儀軌之修持，不奉禪定或原始佛，所信諸天神祇，數亦有限。寺院所塑以禮拜之菩薩像，僅為當來佛彌勒菩薩。理論雖主瑜珈。然自佛鳴大師及其門徒輩而後，南方佛教徒不甚修習。（當佛鳴之世，人才輩出，佛理深邃，瑜珈亦精。獅子吼國——錫蘭島——以是著稱。與今日之西藏，正復相同。）密教徒之主張，基於儀軌修持法，及實用瑜珈之密授超乘佛法，係逕傳自世尊之世。而南方佛教否認之。並謂三藏及巴利經典記載而外，世尊並未宣說其他高深佛理。又關於三身密義，南方佛教徒，亦罕有闡述者。實則法身之說，早見諸於《長部・起世因本經》（*Aggañña Sutta*），其中詳述世尊向婆羅門教徒跋隨多（Vasetta，婆悉吒）宣說法身義理情事。此外，獅子吼國之著作名為《法燈》（*Dharma-Pradipika*）者，亦有色身與法身之精義。

依照左袒耶教之設論，北方佛教之所以異於南方佛教者，以其最初曾受耶教傳教士之影響所致，其實不然。蓋就其基本教理而論，北方佛教在西曆紀元前後，以迄於今，一仍舊觀。並無變易。（西方學者最近發見北方佛教大師馬鳴菩薩若干著作，始知設論之謬。。）縱如所稱，古代耐斯托立斯派（Nestorian，聶斯托留派）教士，或聖湯默斯教士（St Thomas，聖多瑪士）或其後之傳教者，東來之時，耶教勢力，隨之入侵。然所受影響，亦不過表面而已。彼時印度教、佛教或其他東方各教，與耶教究竟如何相互影響，現不可知，惟依我人所持之見解。——自亦僅為設論，未可據以為斷。——耶教以其採用之古代象徵方法，以及教儀、教條而觀，似屬形成於較古之宗教，並由是演繹而大成。例如紀元初季之耶教，在埃及時，曾力事研究寺院生活，與類似瑜珈之修習，顯與較古老之印度教、佛教、耆那教、道教寺院生活組織有直接關係。即其三位一體與轉生兩大教理，亦非空前獨創。二義不特在耶教前已在印度盛傳，即於至少六千年前之埃及阿雪笠斯教，亦為主要教義。況原始異端耶教（Gnostic Church，靈知派）所傳之密義，又復與東方之轉生及因果教理大致相符。耶教密義旋為顯義耶教所反對，故當西曆五百五十三年君士坦丁堡第二次耶教會議之時，曾一致決議「凡屬贊助靈魂前有後有之說者，人人當咒詛之」。再取耶教前之巴利經典研討之，《馬太福音》五至七章所述之登山寶訓，僅可視為耶教之重申教義，恰如佛教徒所謂世尊以得之於古佛者，重宣諸人類耳。近代耶教，每以無密義自高，其實闡述精微密義者，非為原始耶教，而適為近代耶教自身也。至其闡述之密義，與佛教或其他東方各教教理大相逕庭。最顯殊者，厥為：一、人類離世或入永無止息之天堂，或入無間之地獄。二、以救主之血，贖取人類罪惡。三、以耶教創始者為範之神聖轉生，獨一無匹。

西方學者之觀念，多少為近代耶教之神學所轉移。是以於佛教與近代耶教，在基本教理上如何區別，確有辨識必要。

佛教教理，人類欲獲解脫，須恃自力。不若近代耶教之專賴外在或救主之力。至於密法，自力義理，復經變更。具如本書所明。修持者得逕祈禪定諸佛與護佑諸尊，與耶教徒之禱告基督、聖者、天使等，正復同其旨趣。又北方佛教與近代耶教，有洗禮或灌頂之儀式，復與南方佛教不同。

其次，已如上述，近代耶教否認轉生與因果教理。（原始耶教亦倡導此二義。）而佛教則力主其說。

復次，耶教與佛教，於無上之尊之有無，各持己見。具有聖父地位之上帝，無異擬同人體（神人同形）之神，耶教視若磐石。釋迦如來雖未肯定或否定無上之尊之存在，然在佛教義理上，上帝實無地位。緣世尊既不信為有，亦不信為無。人惟力行正道，則自能了悟本性也。

世界之生起，佛不言自在天（Ishvara）為因，亦不舉其他邪說為因，亦不言無因，惟謂世界，如為自在天造，無苦無災，無有善惡，以淨不淨業，俱自在天所成故。……復次，自在天如為能造，眾生應即服順，忍聽支配，修善又復何用。修善即作惡故。……自在天之理論，於是推翻可知。（見《佛所行讚》。）[1]

1 《佛所行讚》原文作：「不計自在因，亦非邪因生，亦復非無因，而生於世間。若自在天生，無長幼先後，亦無五道輪，生者不應滅。亦不應災患，為惡亦非過，淨與不淨業，斯由自在天。……若復自在作，眾生應默然，任彼自在力，何用修善為？正復修善惡，不應有業報，自在若業生，一切則共業。……當知自在義，於此論則壞，一切義相違，無說則有過。」

釋迦大師，雖對於無上之尊——而以擬同人體之無上之尊為尤甚——之信仰與否，以為於啟迪人類心靈，不甚重要，棄未定論。然佛教根本教義，仍信仰一種無上之力，或宇宙之律，西方學者名為因果律，而東方學者則稱為業力。《涅槃經》云：種瓜得瓜，種李得李。耶教聖保羅亦作是說，則已遠在其後矣。

復次，異如本書他處所明，佛教駁斥自我永存不變。例如耶教所謂之靈魂。此外並亦否認人類在輪迴中（即宇宙中）可臻永樂之境。因佛教各宗，無不主張實相或涅槃不屬輪迴，遠離諸天，地獄塵世，唯為在親證後方能了悟之境。

世尊說法，既未言天上之父，亦未言有獨子。除憑自力，獲取正知外，別未教人救度之法。據一切佛教徒所傳，世尊自身，即係經過無數劫，徹底思維生死無常，輪迴諸苦後，心靈發越，方成正覺，稱為覺者，純藉自力，以達超世之的。佛教徒敬奉之，非如耶教徒所敬奉之救世之主，惟視為前導者，踐其足跡，以證實相，而得解脫而已。

佛教雖如本書所明，亦恃祈禱超人之力，而佛教雖亦供奉佛尊，然自力證覺之義，固未嘗捨棄。佛教既無如耶教之諄諄教誨，依託救主。亦無如耶教所信仰之以懺悔或信恃救主方法而贖罪，或竟由他人代為贖罪。惟北方佛教有若干教儀，似可指為同於耶教之贖罪理論，設耶教曾採用大乘教義，安知其不採用此種理論較之北方佛教固有之其他枝末教義為多乎？設將此種教義，分析至最終，無論其經過如何變更，始適用於耶教，誠如南方佛教所解，實含有以同量善業抵除同量惡業之義。猶如物理學之一正一負，兩力相等，可使相互抵銷也。

一切宗教，其原來教法，往往與實修教理，相距極遠。佛道亦復如是。本書既涉教儀，自亦不能例外。但如取本書之象徵方法研討之，則北方佛教（有時為別於南方佛教起見，稱為大乘佛教）之主要教義，固昭昭自在也。

（七）中古世紀耶教之冥判說

編者於序文內，曾論及冥府審判。今如追溯其源，藉以推測佛教與其他東方各教（包含埃及之阿雪笠斯在內）究竟如何影響耶教，誠為困難問題。然將本書冥判部分與中古同類之書，名為《垂亡者之悲呼》者（殆為十四至十五世紀作品，現藏於大英博物館）比照閱讀，未嘗不具興趣。

「病篤垂死，悲從中來，自訴其苦。——傷哉如余，一生乏善，平生嫌聞，可怖惡兆，忽然降臨，萬王之王，萬主之主，一切判官，主判之官，遣其武士，『殘虐』為名，緊隨左右，奉命以鎚，擊余之體，謂將捕余，速作準備。……冥府判官，審理爾案，一秉至公，罔知枉法，惟以正義，公平處理。」

「垂死悲呼——傷哉痛哉，余將不免，不知何人，能為辯護？此日此時，可怖如是。審判之官，公正如是，仇敵又復，凶惡如是，親鄰友僕，不利於余，願毋在彼，聽候質證。」

「垂死呼籲，司善天使——司善天使，主宰命余，受神之佑，神今何在？願神在此，為余辯訴，可怖死亡，心為煩憂，無以自辯。司惡天使，最先控訴，左右並有，無數惡魔，今竟無人，為余辯護，情勢嚴重，一至於是。」

「司善天使，反詰亡者。——爾之惡行，余向未許。爾之本性，導爾傾向，司惡天使，為所驅使，不受余命，無論如何，將何自辯？當爾起意，背主之命，有所作為，余輒警示，所作無益，勸令避離，禍患之所，不善之伴，免為牽連，試自思維，敢言否乎？乃猶妄想，為爾辯訴？」

亡者雖求助於理智、敬畏、良知各神，乃至五智之神，然亦莫能為援。（如是情景，頗類中古時代最著名之耶教神祕之劇，名為《每人》〔*Everyman*〕者。——恐為東方密義流入歐洲之結果。）遂由信仰、希望、慈善三神，出而調解。乞憐於女貞之神，轉愍主宰之子，蓋即耶教赦罪之義也。與本書闡述之因果教理，適相逕庭。由是以觀，耶教巧妙之冥判說，似屬於源出耶教以前之教義與夫非猶太教之東方教義。反之，東方教義之因果理論，以及與之相連之轉生理論，又似未因歐洲中古學說稍有變易。而《垂死者之悲呼》則又形成於歐洲中古學說也。再觀乎左列良知及五智之神所示亡者之語，亦含有古代因果教理。（近代耶教前之原始異端邪教亦主此說。）證以此文，則上來推測之論，亦庶幾近之矣。

「良知答言。——此時爾應悔恨馴服應得罪判。」

「五智答言。——爾之惡行，爾自負載。……自取其禍，理亦應爾。」

西曆十四世紀著作《祈壇智慧》（*Orologium Sapientiae*）第五章，亦有冥判之記述。左列一節，即係錄自該書第一百十八頁，亦參考之資料也。

「末日判官，最為正直。凡所定讞，嚴峻苛酷，可憫如余，何以堪此？如是瑣末，不值控訴。正直判官，容貌莊嚴，望之生畏，今果臨前。」

英國塞萊省卻爾登教堂內，有冥判壁畫，為西曆一千二百年之作品。迨至一千八百七十年，始行發見，與藏畫冥判圖同堪注意。兩圖均繪天堂地獄，中為審判亡者情景。所不同者。耶教圖內，司秤者非為猴首之神（Shinje），而為密克爾（St, Michael，米迦勒）天使，權衡亡魂，以代業鏡之顯映。輪迴六道，易以惟一階梯，藉登天堂，階梯之巔，無六道六佛，而接引行善者之基督在焉。左月右日，如為佛狀。兩圖地獄，均有沸鑊。作惡之人，由鬼卒投入熬煎。佛教圖，罪魂迫歷刀山。而耶教圖則以橋代之。

以我人之見解，一切象徵之被視為耶教及猶太教所固有者，其大部分似係採自埃及與東方各教。觀乎上來一切類似文字圖畫，愈益可信。蓋人類之心，念念取相，任運而轉。東西人士，極為相似。雖有種族、宗教、體質與社會環境之區別，而無始以來人類在理智及心靈上，固無異也。

附譯遷升靈識瑜珈密法

皈依

先誦皈依：

自今迄證，圓覺之性。敬當皈依，慈佑化體，神聖上師。
嗟爾眾生，流轉生死，無量無邊，各持善願，以臻圓覺。

觀想上師空行天母

行者心作，觀想如下：人類妄念，執身為有。如是妄念，先使消散，入於天空。自識發光，無有阻礙。轉成金剛，空行天母。身為紅色。
一首兩臂，右手高舉，舞偃月刀；左手貼胸，平托腦蓋，滿貯血液。
左肘夾持，白色錫杖。全身飾有，五事象徵，各種莊嚴，立於蓮座。
上有日輪，足蹈屍體。姿態安雅，身空透明。周身環有，智慧大燄。
隨觀天空，高高在上，根本上師。亦即無上，慈佑之尊。身坐蓮座，
上有月輪。身為藍色，一首兩臂。身披佛衣，無限光榮，莊嚴圓滿。
手持鈴杵，交叉胸前。
末觀自身，頂門之上，霓光圈內，遷識妙法，傳統上師，一一趺坐，
頂累而上。

上師禱文

淨聖法界，不退轉土。禪定六佛，金剛持尊。佛子（某某）
虔誠祈求，願得成就，遷識妙道。並在光榮，聖土之內，
證取原始，無變法身。聖極樂土，諦洛巴尊，那羅巴尊，

至誠祈禱，根本上師：

根本上師祈禱偈文

瑪爾巴尊，聖父聖子。佛子（某某），虔誠祈求，願得成就，遷識妙道。並在光榮，聖士之內，證取原始，無變法身。悟證色塵，無有實相，智光自發。大德長老，密拉雷巴，深恩難酬。佛子（某某），虔誠祈求，願得成就，遷識妙道。並在光榮，聖士之內，證取原始，無變法身。原始真心，眾因之因，智光自發。釋迦舍利，妙闡心力，辯才無礙。佛子（某某），虔誠祈求，願得成就，遷識妙道。並在光榮，聖士之內，證取原始，無變法身。願我頂上，各各上師，垂鑒虔信，化為光明。轉成唯一，金剛持尊，根本上師。

敬禮法界，一切勝者。全慈普佑，真實化體，全部密法，
偉大主尊。自今以後，敬向皈依。上師慈悲，畢世難酬，
根本上師，恩德卓絕。虔誠祈禱，深出肺腑。願速圓證，
遷識妙道。安住法身，不退轉土。伏願上師，賜予恩波，
藉證自覺，以臻法身，不變之境。

禪定持願觀想上師

如是虔誠，反覆祈禱，持願如左：

無量無邊，一切眾生，余應導引，入於無上，圓滿之地。
以是因緣，禪定觀想，遷移靈識，甚深妙法。

禪定之時，再作思維：

三寶真實，合體上師，高臨天空。無量無邊，一切眾生，
隨同皈依。迨至各證，圓覺之性，無有餘盡。如是皈依，
四生之中，各各有情，當悉導入，無上之道。

禪定既訖，觀想上師，攝入自身。

觀想上師空行天母

隨想自身，倏變真空，無念境界。識體生光，無有阻礙，成就金剛，
空行天母。其身紅色，衣飾莊嚴，了了分明。
觀想中脈，貫穿自身。形同箭桿，外白內紅。具四特徵，紅明真空。
下端封閉，植根臍下，三四寸處。上端口張，通過梵穴。
觀想中脈，伸貫肉心。次觀心房，四葉蓮子。上有微點。此點實表，
心息合體，不可分離。色白帶紅，跳躍不定，如欲上升。
如是觀想，了了分明。

隨再觀想，世間上師。剎那形成，金剛持尊，庇護頂門。遷移靈識，教法上師，一一趺坐，頂接而上。最上方為，金剛持尊。隨表謙忱，虔誠發心。周身感動，涕淚泗零。誦念祈禱，上師偈文。（禱文見前。）禱偈誦畢，觀想頂上，一一上師。（或尚在世，或已成聖。）逐漸消融，化為光明。最後攝入，根本上師。再向慈佑，真實化體，根本上師。至極卑謙，虔誠祈禱。（禱文見前。）祈禱遍數，盡力所能。祈禱完畢，觀想上師，心中呼字。即係諸佛，心之本質，字為藍色。由字發出，五智光明。觀想分明，令心安住。用力發出，「黑衣格」聲。同時想像，空行天母。心中收入，上升逕達，上師之心。再觀此點，與「吐」交融，不可分離。安住片刻，心不散馳。再發「嘎」聲，使點下落，心中原處。如是反覆，依教練習。功候深者，約於發出，「黑依格」聲，廿一遍後，定現異徵。功候稍次，一小時半，祈禱之後。功候最次，實渴一日。

所謂異徵，頂門梵穴，隆起如瘤。自彼流血，域流黃液。梵穴之中，可容稻莖，迨識成就，識由穴出。異徵既現，繼續練習，自無必要。練習成就，應即觀想，根本上師，金剛持尊。身形轉成，無量壽佛。手中持有，生命之盂。甘露流溢，充滿自身，心喉蓮穴，心再思維。依是始喬，無量壽恩。反覆念誦，無量壽佛，真言之心。同時觀想，彼佛化成，光明之環，攝歸自身。

（真言之意，即為心咒。——「嗡　阿瑪惹尼　且文帝也　娑哈」。意謂「永生之生命，茲荷恩准。」）[1]

觀想自身騰空，猶如神聖，升騰之狀，或類鳥飛，不留痕蹤。

並應繼續：

心身不可思議，真實之境。祈禱加被，得證如是，無上境界。

移靈識妙道，應堅持願，獲享長命。

---

1 Om Amarani Jivan Tiye Svaha

上師統系

自頂之上，根本上師，金剛持尊。

觀想密拉雷巴。身亮藍色，右手支頤，金剛定印。左手置膝，平托腦蓋，滿貯甘露，作菩薩坐，披白絲衣。

觀想瑪爾巴尊。赤棕身色，軀幹偉岸。披喇嘛衣，盤膝而坐。兩手平衡，右上左下。平托腦蓋，滿貯甘露，雙目仰視。

觀想那羅巴尊。亮藍身色，束髮頂門。髑髏為冠，六飾莊嚴。腰圍細裙。右手托持，羊角號筒。左手持訣。身倚高壇，兩足安適。

觀想諦洛巴尊。偉大莊嚴，身為棕色，微嗔帶笑，束髮於頂，上有寶石。蓮花為冠。禪帶寬繫。人首飾品，全身莊嚴。虎皮為裙，圍於腰際。兩足安閑。右手高舉，持大金魚。左托腦蓋，滿貯甘露。

再上復為，金剛持尊。

一一上師，安坐五色，霓光圈內。

譯後迴向

芸芸眾生，迷妄為真，不悟實相，長劫沉淪。
中有教法，微妙高深，隨聞自度，稀世奇珍。
編者妙筆，蔚成奇文，長序附錄，科學參徵。
漢譯告成，謹述願心。集資付梓，利樂眾生。
慈悲捐助，裨益世人，藉是功德，即身證悟。
生我劬我，前生今生，悉令證入，無生法忍。
初稿焚獻，亡室之靈，再世聞法，不復沉淪。
願諸智哲，予以斧正，以智以力，功德齊等。

國家圖書館出版品預行編目資料

西藏度亡經：中有聞教得度密法 / 蓮華生大士 原著; 趙洪鑄 譯. -- 初版. -- 臺北市：商周出版, 城邦文化事業股份有限公司出版：英屬蓋曼群島商家庭傳媒股份有限公司城邦分公司發行, 2024.03
面； 公分
譯自：The Tibetan book of the dead
ISBN 978-626-390-052-3（平裝）
1. CST: 藏傳佛教 2. CST: 死亡 3. CST: 宗教哲學
226.962 113001989

西藏度亡經：中有聞教得度密法

原著書名 / The Tibetan book of the dead
原作者 / 蓮華生大士
編者 / 伊文思溫慈
譯者 / 趙洪鑄
企畫選書 / 林宏濤
責任編輯 / 林宏濤

版權 / 吳亭儀
行銷業務 / 周丹蘋、賴正祐
總編輯 / 楊如玉
總經理 / 彭之琬
事業群總經理 / 黃淑貞
發行人 / 何飛鵬
法律顧問 / 元禾法律事務所 王子文律師
出版 / 商周出版
城邦文化事業股份有限公司
台北市 115 南港區昆陽街 16 號 4 樓
電話：(02) 2500-7008 傳眞：(02) 2500-7579
E-mail：bwp.service@cite.com.tw
發行 / 英屬蓋曼群島商家庭傳媒股份有限公司城邦分公司
台北市 115 南港區昆陽街 16 號 8 樓
書虫客服服務專線：(02) 2500-7718・(02) 2500-7719
服務時間：週一至週五09:30-12:00・13:30-17:00
24小時傳眞服務：(02) 2500-1990・(02) 2500-1991
郵撥帳號：19863813 戶名：書虫股份有限公司
E-mail：service@readingclub.com.tw
歡迎光臨城邦讀書花園 網址：www.cite.com.tw
香港發行所 / 城邦（香港）出版集團有限公司
香港九龍土瓜灣土瓜灣道86號順聯工業大廈6樓A室
電話：(852) 2508-6231 傳眞：(852) 2578-9337
E-mail：hkcite@biznetvigator.com
馬新發行所 / 城邦（馬新）出版集團 Cité (M) Sdn. Bhd.
41, Jalan Radin Anum, Bandar Baru Sri Petaling,
57000 Kuala Lumpur, Malaysia
電話：(603) 9057-8822 傳眞：(603) 9057-6622
E-mail：services@cite.my

封面設計 / 李東記
排版 / 新鑫電腦排版工作室
印刷 / 高典印刷有限公司
經銷商 / 聯合發行股份有限公司
電話：(02) 2917-8022 傳眞：(02) 2911-0053
地址：新北市231新店區寶橋路235巷6弄6號2樓

■2024年3月初版
■2024年7月23日初版1.5刷
定價 360元

Printed in Taiwan
城邦讀書花園
www.cite.com.tw

ISBN 978-626-390-052-3